아름다운 인생 후반전을 위한

# 은퇴시공

아름다운 인생 후반전을 위한

# 은퇴
# 시공

강충구 지음

출판
이안

아름다운 인생 후반전을 위한

# 은퇴시공

| | |
|---|---|
| 초판 인쇄 | 2020년 07월 29일 |
| 초판 발행 | 2020년 07월 31일 |

| | |
|---|---|
| 지은이 | 강충구 |

| | |
|---|---|
| 펴낸곳 | 출판이안 |
| 펴낸이 | 이인환 |
| 등록 | 2010년 제2010-4호 |
| 편집 | 이도경 김민주 |
| 주소 | 경기도 이천시 호법면 이섭대천로 191-12 |
| 전화 | 010-2538-8468 |
| 제작 | 세종 PNP |
| 이메일 | yakyeo@hanmail.net |

ISBN : 979-11-85772-79-0(03320)

이 도서의 국립중앙도서관 출판시도서목록(CIP)은 서지정보유통지원시스템 홈페이지(http://seoji.nl.go.kr)와 국가자료공동목록시스템(http://www.nl.go.kr/kolisnet)에서 이용하실 수 있습니다.(CIP제어번호: CIP2020025897)

값  16,000원

성공자는 한계가 없고

실패자는 한 게 없다.

명심하라!

성공자는 스스로

주인공이 된 사람들이다.

# 후(後) are you?

　건설현장에서 40년 넘게 일을 해오면서 건설 시공은 '인생의 축소판'이라는 것을 깨달았다. 구조물을 구축하는 것과 인생을 구축하는 것은 대동소이하다. 그동안 기초부실에 따른 구조물 붕괴, 자연재해 대비소홀로 인한 엄청난 손실, 안전시설 미비로 인한 가슴 아픈 안전사고 등등 파란만장한 건설현장의 역사를 함께 하면서 필자도 어느덧 인생 후반전을 맞고 있다.

　우리는 지금 백세시대를 살고 있다. '공부 30년, 직장 30년, 은퇴 40년', 현역에서 은퇴 후 약 40년을 경제활동 없이 살아야 한다. 딱 한 번뿐인 인생의 후반전에 우리는 반드시 퇴직하고, 아프고, 늙고, 죽는다. 그 누구도 피해갈 수 없다. 그렇다면 딱 한 번뿐인 인생의 후반전을 어떻게 준비하고 살아가야 할까?

『은퇴시공』은 건설현장의 경험을 바탕으로 만든 은퇴노믹스 (Retire+Economics)다. 당신이 놓치고 있는 인생의 중요한 것 중의 하나인 은퇴에 관한 이야기를 다루고 있다.

은퇴에는 입구전략, 통로전략, 출구전략이 필요하다. 많은 사람들이 입구전략은 신경 쓰지만, 통로전략과 출구전략은 소홀히 하는 경우가 있다. 심지어 출구전략은 아예 생각에도 없는 이들이 많다. 큰 곳과 급한 곳을 찾아도 정작 중요한 곳을 찾지 못한 것이 아닌가 고민해 봐야 한다.

"Begin with the end. 목표를 확립하고 행동하라."

출구를 알고 시작해야 한다. 당신의 출구는 어느 쪽이고, 당신은 지금 어디로 가고 있는가? 먼저 그 출구부터 분명히 해야 한다.

미래는 예고도 없이 쥐도 새도 모르게 온다. 사람들이 늘 미래에 당하는 이유다. 따라서 쥐도 새도 모르게 오는 미래를 예측하기 위해 부단히 노력해야 한다. 은퇴시공의 기초는 바로 여기서부터 시작이다.

이 책은 100년 인생이란 장기 레이스에서 로드맵을 잃은 〈포스트 베이비부머〉에게 꼭 중요한 내용을 담았다. 따라서 이 책은 당신이 은퇴 후 멋진 인생을 찾아가는 데 소중한 내비게이션이 될 것이다. 인생 후반전을 위한 모델 하우스에서 은퇴를 옹골차게 세워 나가는 시공법 Do-How, 즉 〈은퇴시공 알고리즘〉도 습득하게 될 것이다.

은퇴시공 알고리즘

이제부터 『은퇴시공』이다. 당신이 은퇴를 했든, 은퇴를 앞둔 사람이든 누구나 해야 할 것은 무엇보다 은퇴에 대한 철저한 준비다. 인생은 준비하는 자의 몫이다. 은퇴도 당신이 준비하면 〈대박〉이고, 그렇지 않으면 〈쪽박〉이다.

"후(後) are you? Are you ready?"

은퇴 칼럼니스트 _ 강충구

# CONTENTS :

# 1 장

# 왜 은퇴시공인가?

# 아시나요? 은퇴만리

"진주라 천리길 잘 오셨습니다."

사회 초년생 시절 진주에서 8년 정도 보냈다. 생전 처음 밟는 입구 초입에 써있는 '천리길'이라는 간판 글귀를 보고 아주 먼 나라에 온 것인양 아득하게 느꼈던 기억이 새롭다. 그런데 은퇴가 만리라니? 정말 생각만 해도 끔찍한 거리다.

우리나라는 70여 년 전 찢어지게 가난했던 아픈 과거가 있다. 서독 대통령에게 돈을 빌리기로 하고, 당시 서독인들이 기피했던 직업인 광부와 간호사를 파견해서 외화를 벌어오기도 했다. 이역만리(異域萬里) 타국에서 우리네 할아버지, 할머니들은 오로지 잘 살아보겠다는 일념으로 숱한 눈물과 인고의 나날을 보냈다.
이역만리라는 말에서 알 수 있듯이 만리는 단순히 4,000Km라는 거리가 아니라 험난한 길을 비유하는 데 많이 쓰이고 있다. 은퇴를 만리라고 하는 이유는 다음과 같다.

첫째, 이자는 제로 금리에 가까이 떨어지고 세금은 40% 이상 늘어날 가능성이 있다.

둘째, 자신이 감당할 수 있는 기간보다 더 오래 사는 '장수 위험'이 도사리고 있다.

셋째, 복지비용은 기하급수적으로 늘고, 고령화 재원은 고갈이 나는데 준비할 시간은 절대적으로 부족하다.

넷째, 연령지진(Age Quake)이 폭발할 지경인데 냄비 속 개구리처럼 마냥 무대책으로 가고 있다.

다섯째, 인풋(Input)이 있어야 아웃풋(Output)이 있는 법인데 증세 대책 없는 복지 관련 포퓰리즘 정책은 우리의 앞날을 더욱 불투명하게 한다.

여섯째, 은퇴 후 인생 2막에 대한 개념이 없는 이들이 너무나 많다.


실제로 은퇴가 만리라는 것을 보여주는, 국내 모기업이 관리자들을 대상으로 설문조사한 은퇴 준비에 대한 생각과 자세에 대한 결과가 있다. 당신은 어떤지 한번 점검해 보자.

1. 당신은 인생 2막의 의미를 충분히 이해하고 있는가?

    1) 매우 그렇다(17%)

    2) 그렇다(39%)

    3) 보통이다(26%)

    4) 그렇지 않다(18%)

    5) 전혀 그렇지 않다(0%)


2. 당신은 은퇴 후 의미 있는 삶을 위한 목표가 있는가?

    1) 매우 그렇다(9%)

    2) 그렇다(13%)

    3) 보통이다(43%)

    4) 그렇지 않다(35%)

    5) 전혀 그렇지 않다(0%)


3. 당신의 인생 2막을 위한 준비상태는 어느 정도인가?

    1) 아직 고민 안 하고 있다.(21%)

    2) 관심도 많고 고민도 한다.(71%)

    3) 윤곽을 정하고 준비 중이다.(8%)

    4) 무언가 행동을 시작했다.(0%)

    5) 일부 원하는 대로 진행되고 있다.(0%)


4. 당신이 인생 2막 이후의 삶에 대해 가장 걱정하는 것은 무엇인가?

    1) 일이나 자기 역할/ 영역의 축소(9%)

    2) 수입의 축소 등 재정적 상황(43%)

3) 건강의 유지 및 관리(16%)

4) 여가 생활 등 많아지는 시간의 활용(23%)

5) 사회적 관계의 단절(9%)

5. 당신이 안정적 노후를 위해 관심을 갖고 있는 것은 무엇인가?

1) 경력 관리(23.9%)

2) 노후자금 마련(7.1%)

3) 자녀 교육(21%)

4) 건강(11%)

5) 인적 네트워크(18.3%)

6) 취미/여가(18.7%)

6. 당신은 인생을 나름 계획적으로 사는가?

1) 매우 그렇다(0%)

2) 그렇다(26%)

3) 보통이다(39%)

4) 그렇지 않다(35%)

5) 전혀 그렇지 않다(0%)

7. 당신은 후반기 생애를 계획하는 적정한 나이가 언제라고 생각하는가?

1) 퇴직 10년 전(9%)

2) 퇴직 5년 전(39%)

3) 퇴직 3년 전(39%)

4) 퇴직 1년 전(9%)

5) 기타(4%)

8. 당신의 현재 삶의 만족도와 이후 생의 만족도를 평가해 본다면?

 1) 긍정적 / 지금보다 못함(35%)

 2) 긍정적 / 별 차이 없음(17%)

 3) 부정적 / 별 차이 없음(35%)

 4) 부정적 / 지금보다 좋음(13%)


9. 당신이 생각하는 일의 정년은 언제인가?

 1) 55 ~ 60세(13%)

 2) 61 ~ 65세(48%)

 3) 65 ~ 70세(30%)

 4) 71 ~ 75세(9%)

 5) 75세 이상(0%)


10. 당신은 평생 일(경력)에 대한 분명한 목표를 갖고 있는가?

 1) 매우 그렇다(0%)

 2) 그렇다(9%)

 3) 보통이다(59%)

 4) 그렇지 않다(27%)

 5) 전혀 그렇지 않다(5%)


11. 당신은 후반기 일(경력)을 위한 구체적인 방법을 알고 있는가?

 1) 매우 그렇다(0%)

 2) 그렇다(13%)

 3) 보통이다(48%)

4) 그렇지 않다(35%)

　5) 전혀 그렇지 않다(4%)

12. 만약 지금 퇴직한 후 '일의 정년'까지 경제활동을 한다면?

　1) 재취업(56%)

　2) 창업(15%)

　3) 귀농(15%)

　4) 퇴직 후 은퇴(14%)

　5) 기타(0%)

13. 당신의 생애설계목표를 실천하는 데 무엇이 방해가 되는가?

　1) 목표 확신부족(52%)

　2) 업무과다(0%)

　3) 시간분배(0%)

　4) 의지부족(35%)

　5) 정보부재(13%)

14. 당신의 생애설계목표 실천을 위해 필요한 정보는 무엇인가?

　1) 전문성 증진을 위한 교육과정 관련 정보(33%)

　2) 일자리 트렌드(19%)

　3) 소자본 창업 및 프랜차이즈 창업 관련 정보(21%)

　4) 부동산, 법률, 세무 등 생활정보(23%)

　5) 기타(4%)

15. 인생 2막을 위한 진로전환이 당신의 노력에 달려 있다고 생각하는가?

    1) 매우 그렇다(26%)

    2) 그렇다(48%)

    3) 보통이다(26%)

    4) 그렇지 않다(0%)

    5) 전혀 그렇지 않다(0%)


16. 당신의 의사결정은 가족 등으로부터 지지를 받는가?

    1) 매우 그렇다(13%)

    2) 그렇다(61%)

    3) 보통이다(26%)

    4) 그렇지 않다(0%)

    5) 전혀 그렇지 않다(0%)


17. 당신은 미래 및 자기계발을 위해 얼마나 시간을 투자하는가?

    1) 전혀 안 한다(4%)

    2) 하루에 1시간 이상(61%)

    3) 하루에 2시간 이상(35%)

    4) 일주일 12시간 이상(0%)


　　이 통계를 보고 무슨 생각이 드는가? 이제는 대리, 과장급 중견사원은 물론이고, 신입사원도 은퇴가 결코 이역만리 먼 남의 나라 이야기가 아니라는 것을 알아야 한다.

『정글만리』의 작가 조정래 씨는 약육강식인 세계화 시대에 중국을 알리고, 중국과의 관계에서 우리 민족의 미래를 조망하기 위해 이 소설을 썼다고 한다. 여기에서 '만리'는 '만리장성'의 뜻을 담고 있기도 하지만, 그만큼 중국이라는 나라가 상대하기 어려운 거대한 장벽이란 의미를 담고 있다. 앞으로 경쟁해야 할 중국과 경쟁한다는 것은 정글 속을 헤매는 것처럼 험난한 길이라는 것을 비유하고 있는 것이다.

은퇴자나 은퇴가 임박한 이들이 은퇴 후 헤쳐 나갈 세상도 이와 다르지 않다. 『정글만리』만큼이나 한없이 길고, 아득하며 생존을 위한 치열한 몸부림을 해야만 살아남을 수 있다.

〈은퇴만리〉는 당신도 결코 피할 수 없는 우리 앞에 놓여 있는 험난한 길이다. 따라서 생존을 하려면 무엇보다 먼저 〈은퇴만리〉의 길을 파악해서 각자 상황에 맞춰 슬기롭게 헤쳐 나가야 한다. 그것은 순전히 당신의 몫이다. 〈은퇴만리〉의 길을 대비하지 않으면 당신은 도태될 수밖에 없다.

세계적인 기업 컨설턴트 스티브 도나휴는 『사막을 건너는 여섯 가지 방법』에서 인생의 사막을 건너는 지혜를 소개했다. 〈은퇴만리〉의 길에 들어서기 위해 차근차근 곱씹어 볼 내용을 여기에 다시 한번 정리해 본다.

첫째, 지도를 따라가지 말고 나침반을 따라가라. 사막에선 지형이 수시로 바뀐다. 이땐 지도보다 나침반이 훨씬 유용하다.

둘째, 오아시스를 만날 때마다 쉬어가라. 인생이란 여정엔 쉼표가 있어야 마침표가 있다. 오아시스는 재충전을 하라는 뜻이다.

셋째, 모래에 갇히면 타이어에서 바람을 빼라. 모래에선 차바퀴의 바람을 빼야 쉽게 빠져나올 수 있다.

넷째, 혼자서, 또는 함께 여행하라. 혼자 하는 여행은 삶을 되돌아 볼 수 있고, 함께 하는 여행은 인생에서 다른 사람의 소중함을 알 수 있다.

다섯째, 캠프파이어에서 한 걸음 멀어져라. 캠프파이어는 따뜻하고 안전하지만 거기서 불만 쬐면 사막을 건널 수 없다.

여섯째, 두려움이란 허상의 국경에서 멈추지 마라. 자신의 열정에 방해가 되는 두려움에서 벗어나야 새로운 세계를 만날 수 있다.


PIPA(Poor Isolated Painful Aged)는 가난하고 고립되고 고통스러운 노년 세대, 즉 은퇴 노인들을 이르는 말이다.

당신은 어떻게 생각하는가? 누구나 헤쳐가야 할 〈은퇴만리〉, PIPA 세대로 전락하겠는가? 당신이 젊다고 아직 한참 뒤의 일이라고 만만하게 봐서는 큰코 다친다. 〈은퇴만리〉는 사전에 준비하지 않으면 헤쳐가기 힘든 험난한 길이다.

1야드는 어렵지만, 1인치는 쉬운 법이다.

- 서양 속담


〈은퇴만리〉, 말만 들어도 너무 먼 거리라 엄두가 나질 않는다면, 미리 잘게 쪼개서 준비해 나가자. 시간적 여유를 갖고 잘게 쪼개 준비해 둔다면 〈은퇴만리〉는 결코 겁먹을 길이 아니다.


누구나 은퇴는 처음이다.

지금부터 아늑한 〈은퇴만리〉의 첫걸음을 내딛어 보자.

# 우선 자신부터 챙겨야 한다

푸어(Poor) 전성시대다. 하우스 푸어, 실버 푸어, 소호 푸어, 렌트 푸어, 워킹 푸어, 에듀 푸어 등등.

베이비부머(1955~63년생)들은 산업시대를 거치면서 내 한 몸 돌보지 못하고, 문화생활 근처도 못 가보고, 오로지 부모 자식을 건사하며 생의 대부분을 보내야 했다. 그런데 노년에 '실버 푸어'가 이들을 엄습하고 있다. 이들은 불안한 노후에 대한 급한 마음으로 자영업 시장에 불나방처럼 뛰어들어 부도난 자영업자의 40%를 이루고 있다. 그래서 노년빈곤층 1순위를 예약하고 있다.

젊은 세대는 어떤가? 기업 인사담당자들은 입사시험에 지원했지만 떨어지는 수험생 중에 너무나 아까운 인재들이 많다고 한다. 웬만한 대기업이면 입사경쟁률이 수백 대 일이 넘으니 당연한 현상이다. 예전 같으면 100% 합격시켜도 될 우수한 인재들이 탈락하고 있다.

여기에 캥거루족과 니트족이 넘쳐나고 있다. 소호 푸어, 워킹 푸어도 만만치 않다. 간신히 취업에 성공한 젊은이들은 치솟는 전·월세로 '렌트 푸어'에 시달리고 있다. 대리나 과장급의 직장인들은 자녀들 교육비에 휜 허리가 펴질 날이 없어 '에듀 푸어'로 전락하고 있는 실정이다.

필자 세대는 이삼십대에 내 집 장만하는 것이 큰 꿈이었다. 산골 출신으로 결혼 전까지 셋방살이로 이사만 20여 번이나 하면서 전전긍긍해야 했다. 당시에는 부동산 투기가 극성을 부려서 집세도 덩달아 오르니 어떻게든 집을 장만하겠다는 꿈은 더욱 클 수밖에 없었다. 집을 사놓기만 하면 금방 값이 올랐으니 재산 증식으로도 최고였다.

필자는 그 당시 작은 평형의 아파트를 사고, 소위 갈아타기를 잘해 30평형 아파트를 장만할 수 있었다. 그러고 나니 저절로 중산층인 된 것 같은 착각 속에서 살았던 기억이 아련하다.

그런데 지금은 어떤가? 맨손으로 서울에 내 집을 장만하려면 최소 10년에서 최대 30년은 걸린다고 한다. 학자금 대출로 대학시절을 보낸 사람은 사회 초년부터 빚쟁이로 시작하게 되니 내 집 마련은 언감생심인 경우가 많다. 요즘 중산층이라고 하면 30평형대 아파트, 중형차, 그리고 500만 원 이상의 월급을 받아야 한다고 하는데 과연 여기에 해당하는 이들이 얼마나 될까?

지난 20일 일본 후쿠오카에서 발생한 강진의 여파가 한반도까지 흔들었다. 당국의 늑장 대처가 비난받고 있는 가운데 며칠 전부터 예민하게 반응했던 동물들이 있어 관심을 끌고 있다. 광주시 우치공원 관리사무소 사육사들에 따르면 악어나 뱀 등 일부 동물들이 마치 지진을 예감한 것처럼 기이한 행동을 보였다고 한다. 평소 먹이를 먹거나 몸을 말리는 경우를 제외하고는 물속에서 코만 내밀고 있던 악어 6마리는 3일 전인 18일부터 육상으로 올라와 뭉쳐 있었고, 아나콘다 등 뱀은 통나무에 올라가 또아리를 튼 채 꼼짝하지 않았다고 한다. (중략) 전문가들은 지진을 가장 먼저 감지하는 동물로 강물의 메기를 꼽는다. 인간은 왜 둔감할까. 탐욕에 너무 찌들어 재난 불감증에 걸린 게 아닐까.

　　　　　　　　　　　　- 국민일보 김상길 논설위원의 칼럼 중에서

탐욕이 인간을 환경의 변화에 둔감하게 만들었을지 모른다는 추측은 은퇴시공에서 매우 중요하게 여기는 부분이다.

사람이 무슨 일인가 시도할 때 보이는 두 가지 유형이 있다. 하나는 배워서 알아야 행동으로 옮기는 '알아야 하지 형(體知體行)'이고, 또 하나는 먼저 하고 나서 배우는 '해보니 알지 형(體行體知)'이 그것이다.

디지털 시대에는 '알아야 하지 형'으로 살아남을 수 없다. 따라서 우리는 일단 해본 다음 알아가는 '해보니 알지 형'이 되어야 한다.

'당장 앞가림도 버거운데 무슨 은퇴시공이냐?'는 반문이 든다면 당신이 바로 '알아야 하지 형'이 아닌가 점검해 봐야 한다. 알아서 하겠다는 생각으로는 급변하는 시대의 변화를 따라잡을 수가 없다.

저성장과 고령화가 쓰나미처럼 밀려오면서 불투명하고 불확실한 미래가 우리 앞에 펼쳐지고 있다. 이럴 때일수록 당신은 필자가 제시하는 다음과 같은 처방을 먼저 실천으로 옮길 수 있어야 한다.

첫째, 당신이 신입사원이든 학부모인 중간사원이든 은퇴계좌는 따로 꼭 확보하라. 누가 죽어도 깰 수 없는 절대 계좌여야 한다.

둘째, 적은 돈이라도 좋으니 최대한 빨리 준비하라. 지금은 비록 저금리라도 복리의 법칙은 당신이 상상했던 것보다 훨씬 크다는 사실을 명심하라.

셋째, '자식'이 아니라 '나'를 먼저 챙겨라. 자식이 부모를 봉양하는 시대는 막을 내리고 있다. 자식만 믿다가는 쪽박을 차기 십상이다.

넷째, 지금 당장 과거의 환상과 허세를 버려라. 고도 성장기는 끝났다. 모든 것을 다운사이징(Down Sizing)해야 생존할 수 있는 시대다. 집 평수, 자동차 배기량, 카드사용 규모, 외식비 등을 줄여라.

다섯째, 현역에 최대한 오래 머물러라. 현역 연장은 최고의 은퇴시공이다. 월급 250만 원이라도 우습게 보지 마라. 금융자산 10억 원 이자 소득과 맘먹는 금액이다.

여섯째, 자산관리에 늘 관심을 가져라. 경제뉴스와 경제신문을 가까이 하고, 보험도 잘 챙겨야 한다.

일곱째, 인생 N모작을 준비하라. N모작에는 재취업, 취미, 봉사
활동 등 다양한 형태로 존재한다. 끝이 좋아야 다 좋다. 인생의 끝
을 좋게 장식하기 위해 N모작을 즐겨야 한다.


일본 은퇴전문가인 노지리 사토시는 10년 후 한국 은퇴자들도
일본처럼 노후난민, 의료난민, 구호난민이 될 가능성이 높다고 한
다. 전문가들은 이처럼 되지 않으려면 은퇴자금이 10억 원 정도는
있어야 한다고 말한다. 하지만 직장인들이 이 돈을 모은다는 건 결
코 쉬운 일이 아니다.

그렇다고 절망하지는 말자. 지금 갖고 있는 노하우나 하고 있는
일을 관속까지 갖고 갈 요량으로 매진하면 된다. 나만이 갖고 있는
노하우나 분명히 잘 하는 일이 있다면 퇴직이나 은퇴는 평생 있을
수 없다. 따라서 지금부터는 나만의 노하우나 일 하나쯤을 갖추기
위해 철저히 준비해 나가야 한다.


대나무는 마디마디 절을 만들어 자연의 시련에 미리 대비한다. 나
뭇가지 위에 수북이 눈이 쌓이는 겨울에도 휘어지거나 부러지지 않
고 꿋꿋하게 뻗어나간다.

은퇴시공도 이처럼 절을 만들어 준비하고 꾸준히 실천해 나가야 한
다.

# 최소한 은퇴 파산은 피해가라

　건설업은 주로 사람과 장비가 하는 전통산업이다. 우리나라 GDP의 5.9% 정도를 차지한다. 건설 장비는 종류가 120~130가지나 된다. 건설 장비는 수천만 원에서 수억 원까지 가는 고가가 많다. 대표적으로 덤프, 불도저, 포크레인, 타워크레인 등이 있고, 암반을 깨는 브레이커, 포장할 때 기층(基層)과 골재를 다지는 진동 로라, 레미콘을 만드는 배처플랜트 등이 있다.

　예전에 건설회사 대리, 과장급 사원들은 설계 변경으로 연말이면 숱하게 밤을 새우곤 했다. 발주처 감독이나 감리들과 주로 거액이 오고 가는 장비 사용에 관한 건으로 피말리는 논리 싸움을 지속해야 했다. 불도저냐, 덤프냐, 큰 장비로 하느냐, 작은 장비로 하느냐, 화약 발파냐, 브레이커로 깨느냐에 따라 공사비는 수십억 원이 오고 갔기에 결과에 따라 무능한 소장, 유능한 소장으로 판별되기에 서로 눈에 불을 켜며 논리 싸움을 해야 했다.

　한반도 유사 이래 최다 건설 장비를 동원한 4대강 사업을 예로 들면 공사현장은 그야말로 총성 없는 전쟁터로 밤낮이 따로 없었다. 협력사 대표나 현장 소장 등 기술진은 엄청난 고뇌와 냉정한 판단을 해야 했다. 어떤 장비를 선택할 것인지, 어떤 것은 구입하고, 어떤 것은 임대를 할 것인지 손익계산을 따져야 했다. 도로 이용도 마찬가지다. 몇 백만 제곱미터의 엄청난 토사를 덤프로 이동할 때 비포장에서 천천히 운전하는 것이 유리한지, 추가비용을 들여서라도 포장을 해서 빨리 다니는 것이 유리한지를 판단해야 했다. 그야말로 생존을 위한 피말리는 선택의 순간들이었다.

포크레인 같은 장비는 '붐대'가 1분에 몇 번을 회전하는가를 따지는 사이클 타임(cm)에 따라 단가가 크게 바뀌기도 한다. 버킷 용량이나 장비효율, 토질, 그리고 운반거리에 따라 엄청난 금액이 왔다 갔다 한다. 항상 설계 변경에서 비리가 발생해서 말썽이 생기곤 했다. 감독이나 감리들이 목에 힘주는 원인이기도 했다. 필자도 을의 입장에서 발주처인 갑과 숱하게 논쟁을 했던 적이 많다.

"기계는 밀리미터(mm)로 놀고, 건축은 센티미터(cm)로 놀고, 토목은 미터(m)로 논다."

오죽하면 이런 말이 생겼겠는가? 기계는 정밀을 요하는 직종이다. 이에 비해 토목은 스케일이 크고 화끈한 만큼 리스크도 큰 직종이다. 따라서 어떤 직종에서 근무했느냐에 따라 그 사람의 성격도 각기 다르게 드러났다. 기계와 관련된 직종에 근무한 이들은 세밀한 부분에 신경을 쓰느라 큰 것을 못 볼 때가 있고, 토목과 관련된 직종에 근무한 이들은 큰 것에 신경 쓰느라 세밀한 것을 보지 못하는 경우가 있다.

이것은 은퇴시공에도 큰 영향을 끼친다. 자신이 어떤 직종에 근무했고, 그 직종의 특성이 무엇인가를 아는 것은 중요한 일이다. 오랫동안 근무하면서 자신도 모르게 그런 특성에 물 들었다는 것을 인정할 수 있어야 자신의 특성에 맞는 은퇴시공을 할 수 있기 때문이다.

은퇴시공은 건설업과 같다. 어떻게 준비하느냐에 따라 그 어떤 장비보다 비싼 인생 후반기가 왔다 갔다 한다.

이제 은퇴자들은 엄청난 거액의 금융자산가가 아니면 이자로 생활하는 것은 거의 불가능하다. 저금리와 물가 상승은 이자만으로 원하는 수준의 은퇴생활을 기대할 수 없게 만들었다. 따라서 나이 50이 넘으면 안전자산에만 투자하라는 것도 옛말이다. 미래에셋 은퇴연구소 자료에 의하면 60세 은퇴자가 자산의 5%를 매년 인출해 쓰면 85세 이전에 고갈될 가능성이 크다고 한다. 급속한 고령화와 저성장으로 은퇴 파산의 위험이 커지며 은퇴 직후 10년간 투자수익률에 따라 은퇴파산 확률이 많이 달라진다는 이야기다.

이제 더 이상 낡은 장비로 은퇴 후 30년을 살 수 없는 시대가 되었다. 포크레인 바퀴를 무한궤도에서 달리는 타이어로 바꾸든지, 브레이커로 암반을 깨던 것을 화약으로 발파를 하든지 선택해야 한다. 습관적으로 달리는 비포장 길에 돈을 들여 포장을 해서라도 더 빨리 달릴 수 있도록 해야 한다.

한순간의 장비 선택으로 무능한 책임자가 되느냐, 유능한 책임자가 되느냐는 순전히 당신의 몫이다. 당신의 노후를 안정되게 이끌어 가느냐, 노년빈곤층 나락으로 떨어뜨리느냐는 것은 지금 당신이 무슨 선택을 하느냐에 달려 있다. 기계처럼 세밀하게 준비하느냐, 토목처럼 통크게 준비하느냐도 순전히 당신의 몫이다.


프랑스어에 '콤므 다비튀트(Comme! d'habitude)'라는 말이 있다. 우리말로 '늘 하던 대로'라는 뜻이다. 지금은 '늘 하던 대로' 생존을 장담할 수 없다. 지금이라도 당장 '늘 하던 대로'라는 틀을 깨서 은퇴파산만은 피해야 한다. 미리 준비하지 않고 그저 '늘 하던 대로'만 하다가는 여차하는 순간 당신은 은퇴파산을 피할 수 없다.

어쩔 것인가?

당신은 지금 무엇을 선택할 것인가?

은퇴시공 앞에서 마음 크게 먹고 선택해야 한다.

그 선택과 결과는 순전히 당신의 몫이다.

# 스노타이어를 장착하라!

갑작스런 사고 또는 예기치 못했던 죽음 등을 무서워하고 힘들 어하지 않는 사람은 없다. 어떤 이는 현재가 아닌 과거와 미래를 걱정하는 삶을 공허하다고 한다. 물론 현재의 삶이 무엇보다 중요 하기에 맞는 말이다. 하지만 소리 없이 다가오는 미래를 무방비, 무대책으로 살아서는 안 되기에 가끔은 미래를 걱정할 줄도 알아 야 한다. 걱정이 없이 어떻게 미래를 준비하고, 어떻게 미래의 행 복을 설계할 수 있단 말인가?

30여 년 전의 일이다. 충청도에서 군 탄약고 공사를 했다. 화창 한 날씨에 편한 마음으로 군 헬기장 200㎡ 정도를 기초 콘크리트 로 타설했다. 그런데 작업 끝 무렵 갑자기 먹구름이 몰려오더니 폭 우가 쏟아졌다. 건설현장 20~30년 베테랑들이 주위에 있었지만 도 저히 손을 쓸 수 없었다. 엄청난 폭우로 애써 타설한 콘크리트는 허무하게 쓸려 내려갔다. 허탈감과 일기를 예측하지 못한 자책감 에 동료가 주는 우산과 우의도 마다하고 30여 분 동안 그 폭우를 맨몸으로 맞았던 악몽이 생생하다. 천막이라도 준비했더라면, 기상청 슈퍼컴퓨터가 있어 비를 예보라도 했더라면, 물론 다 부질없는 생각일 뿐이었다. 만약을 대비하지 못한 잘못을 누구 탓으로 돌린단 말인가?

건설현장은 새벽 출근이 기본 룰이다. 여느 때처럼 현장에 도착하기 위해 새벽에 경북 김천 어느 가파른 고개를 넘어 운전하던 중 내리막에 빙판을 만났다. 빙판에서 핸들이 돌기 시작하니 속수무책이었다. 20m 낭떠러지에 이리저리 굴러 타이어 네 개가 다 찢어졌고 유리창도 모두 박살이 났다. 안전벨트 덕분에 구사일생으로 절벽을 기어올랐다. 구조하러 온 렉카 기사가 살아있는 필자를 보고 놀랐던 표정이 지금도 생생하다.

'겨울용 스노타이어를 장착했더라면….'

'새벽길에 지형지물을 미리 파악했더라면….'

이런저런 후회가 밀려왔지만 이미 엎질러진 물이었다. 그나마 다행이라면 사전에 철저한 준비가 얼마나 소중한지 깨달은 것이라고나 할까?

하수관이나 상수도 공사를 할 때면 땅속에 묻혀 있는 시설물이 여간 신경이 쓰이는 게 아니다. 도시의 지하에는 상수, 하수관과 각종 전기, 통신선로 및 가스관이 거미줄처럼 깔려 있다.

경기도 북부지역에서 포크레인으로 하수관 공사를 하던 중 한전 광케이블을 절단한 대형 사고를 저지른 적이 있었다. 수천만 원에 달하는 금전적인 배상은 물론이고, 발주처와 민원인에게 용서를 빌러 숱하게 다녀야 했다. 사전에 미리 삽으로 확인을 하든지, 요즘처럼 GPS가 있어서 정확한 위치추적으로 사고를 미연에 방지했다면 좋았을 텐데 하는 아쉬움이 많이 남는 사건이었다.

어제 그리고 오늘을 열심히 살았던 은퇴자들은 이제 '미래를 예측하고 대비'를 해야 합니다. 미래는 도둑처럼 오며 예고하지 않는 채 스스로를 감추며 쥐도 새도 모르게 느닷없이 옵니다. 그래서 우리는 늘 미래에 번번이 당하면서도 미래에 대해 무방비하거나 속수무책이다 보니 갈수록 미래를 두려워하고 있습니다.

- 정진홍 교수의 칼럼 중에서

준비는 수백 번을 강조해도 지나치지 않다. 특히 피할 수 없는 은퇴 앞에서는 더욱 그렇다. 영어로 은퇴는 'Retire'다. 우리 식대로 해석하면 '타이어를 바꿔 끼우는 일'이다. 그동안 '일반 타이어'를 끼고 달려온 인생에서 이제 닥쳐올 빙판길을 위해 미리 '스노타이어'로 갈아 끼울 필요가 있다. 빙판길에서 '일반 타이어'가 약발이 받을지 '스노타이어'가 약발이 받을지 고민하는 건 바보 같은 일이다.

필자가 강조하는 〈은퇴시공〉은 결코 어려운 작업이 아니다. 누구나 '걱정'하지 말고 '작정'하고 나서면 다 할 수 있는 일이다.

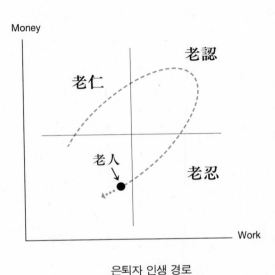

은퇴자 인생 경로

그림은 필자가 만든 은퇴자 인생 경로다. 일과 돈에 따라 은퇴자는 노인(老仁) -〉 노인(老認) -〉 노인(老忍) -〉 노인(老人) 4가지 중한 영역에서 살아간다.

수백만 명에 달하는 포스트 베이비부머들이여!

새 세상(next new world)에서 당신이 주인공이 되려면 지금 당장 해야 할 게 하나 있다.

바로 당신 앞에 펼쳐진 빙판길을 위해 '일반 타이어'를 빼고 '스노

타이어'를 장착하는 일이다. 빙판길에선 '스노타이어'로 달릴 수 있어야 한다. 갈아 끼우는 것을 모르면 지금 당장 배워서 실천하면 된다. 그러면 당신의 은퇴시공은 바로 백년복로(百年福老)의 문을 열게 될 것이다.

# 은퇴시공 레시피, 당신 스타일은?

"당신은 무슨 스타일입니까?"

필자는 주변 사람들로부터 '끈기 스타일'이라는 말을 많이 듣는
다. 당신은 무엇이라 대답하겠는가?
당신이 이 질문에 10초 내에 바로 대답이 가능하다면 스타일이
분명한 사람이다. 그 스타일을 강점으로 살려나가면 충분히 성공
할 수 있다.

지금 당장 당신의 스타일을 정리할 수 없다면 아래의 도표를 보
자. 사회심리학자 레이처(Reicher)가 분류한 노년기 성격 유형으로
도표(1)처럼 성숙형, 은둔형, 무장형, 분노형, 자학형 등 5가지로 분
류했다. 당신의 성격 유형을 아는 것은 곧 당신의 스타일을 파악하
는 것과 같다.
진지하게 생각해 보자. 당신은 이 중에 어떤 유형의 속하는가?
당신에게 가장 끌리는 것이 바로 당신의 스타일이다.

| 노인의 성격유형별 특징 | |
|---|---|
| 성숙형 | 자신의 상황을 성공과 행운이라 여겨 감사함. 일상적인 활동과 대인관계에 만족함 |
| 은둔형 | 복잡한 대인 관계, 사회관계에서 해방돼 조용히 지낼 수 있는 노년기를 보내는 사실을 다행스럽게 여김 |
| 무장형 | 수동적으로 살기 쉬운 노년기를 거부하면서 활발한 사회활동을 통해 노년기에 신체 기능이 떨어지는 것을 막아보려 함. |
| 분노형 | 인생목표를 달성 못 한 채 노년기가 된 것을 비통해하면서 실패원인을 시대상황, 경제적 여건, 가족 탓으로 돌려 타인을 비난하고 타협하지 못하면서 지냄. |
| 자학형 | 자신의 인생은 실패한 삶이며 그 원인은 자신에게 있다고 생각. 자신을 꾸짖거나 우울증에 빠지며 심한 경우 자살하기도 함. |

자료 : 사회심리학자 레이처

스타일은 어떤 일이 닥쳤을 때 그에 대처하는 태도로 잘 드러난다. 골프를 예로 들면 다음과 같다. 골프장에서 공이 안 맞을 때 미국 사람은 도서관에 가서 골프 교본이나 이론서를 섭렵하고, 일본 사람은 그 길로 골프연습장에 가서 연습에 몰두하고, 한국 사람은 골프채 등 골프용품을 바로 바꾼다는 말이 있다. 그야말로 어떤 문제에 부딪혔을 때 그 문제를 해결해 나가는 각 민족의 스타일을 그대로 드러내는 말이다.

대형 건설사들도 각기 다른 독특한 스타일을 갖고 있다. 앞만 보고 밀어붙이는 '저돌적 스타일'이 있고, 치밀하게 분석 후 관리를 철저히 하는 '섬세한 스타일'도 있다.

이러한 스타일은 시대의 변화에 따라 각기 장단점을 보이고 있다. 성장이 우선일 때는 '저돌적인 스타일'이 유리하고, 고객에 대한 서비스가 우선일 때는 '섬세한 스타일'이 강점을 보이고 있다.

스타일은 어떤 것이 좋고 나쁘다고 판단할 수 없다. 그 스타일을 어떻게 활용하느냐에 따라 실용적이나 그렇지 않냐 구분할 수 있을 뿐이다.

따라서 당신의 스타일을 아는 매우 중요하다. 자신의 스타일을 분명히 알고 있다면 어떤 상황에 처했을 때 단점을 얼른 보완하고 장점은 그대로 활용해서 능동적으로 대처해 나갈 수 있기 때문이다.

필자는 은퇴시공을 건설시공에 비유하여 이른 바 〈은퇴시공 시방서 6계명〉을 만들었는데, 그 내용은 다음과 같다.

첫째, 건설에서 기본 준수와 기초공사가 중요하듯이 은퇴시공에도 꼭 지켜야 할 원칙을 세워 철저히 지켜가며 기초를 다져야 한다.

둘째, 건설에서 시공하다 내용에 변동이 있으면 설계변경을 하듯이 은퇴시공도 환경에 따라 변화를 적용해야 한다. 즉 유연성을 가져야 한다. 변화에 적응하는 사람이 살아남는다. 먼저 나 자신부터 변화에 능동적으로 대응하는 유연성을 가져야 한다.

셋째, 건설에서 설계도와 시방서를 연구하고 신기술을 도입해야 하듯이 은퇴시공에서도 꾸준히 연구하고 신기술을 익혀 자기계발을 해야 한다. 배움과 자기계발은 절대로 배신하지 않는다. 부단한 연구와 학습만이 완벽한 시공을 보장한다.

넷째, 건설에서 규모를 줄이면 공사비를 줄일 수 있듯이 은퇴시공에서도 소비를 줄여 비용을 슬림화 해야 한다. 은퇴 후 수십억 원이 필요하다는 '공포 마케팅'에 떨지 말자. 건전하고 합리적인 소비습관을 들이면 얼마든지 잘 해나갈 수 있다.

다섯째, 건설에서 건축물에 독창성과 정체성을 부여하듯이 은퇴시공에도 사람과의 관계 등 일상에 독창성과 정체성을 부여해야 한다. 자신의 정체성을 분명히 하고 가족과 사회적 관계에서 독창성으로 경쟁력을 갖추는 게 필요하다.

여섯째, 건설에서 댐에 사소한 구멍 하나를 소홀히 하면 댐 전체를 붕괴시킬 수 있다. 은퇴시공도 그와 같으니 사소한 구멍, 특히 지출에 주의를 기울여야 한다. 은퇴시공에 사소함이란 없다. 어느 것 하나라도 챙기고 준비하는 철저함이 필요하다.


은퇴자에게는 직장생활을 할 때 꿈으로 꾸던 현실, 즉 퇴직 후 30년, 시간으로는 약 26만 시간이라는 여유 시간이 펼쳐진다. 어린 시절 이루지 못했던 꿈을 이룰 수 있는 또 한 번의 기회다. 이제 당신이 원하는 것과 좋아하는 것을 되짚어 보고 건강한 〈은퇴시공 시방서 6계명〉을 구체적으로 작성해 보자.

## 은퇴시공 시방서 6계명

1. 원칙을 세워 기초를 다져라
2. 유연성을 가져라
3. 부단한 연구와 학습을 하라
4. 비용을 슬림화하라
5. 독창성으로 경쟁력을 갖춰라
6. 사소한 구멍을 주의하라

은퇴는 인생의 또 다른 출발선이다. 이제 정신 바짝 차리고 '내 스타일'로 나가면 된다. 나만의 은퇴시공 스타일을 만들어 가라!

당신의 스타일은 무엇인가?

지금 당신이 무엇을 어떻게 해야 하는지를 생각해 보라! 바로 당신의 '은퇴시공 레시피'가 완성될 것이다.

은퇴시공 레시피!

현역은 뷰티풀(Beautiful)!

은퇴는 원더풀(Wonderful)이다.

# 이 세상에서 가장 무서운 쓰나미는?

| 은퇴파산 막는 자산관리 3원칙 | |
|---|---|
| **구분** | **내용** |
| 초기10년<br>운용수익률·<br>인출률 관리 | - 은퇴초기 인출률 높거나 수익률 낮으면 은퇴파산 시기<br>  앞당겨짐<br>- 은퇴 이후에 자산관리계획 수립 필요 |
| 적정 인출률 결정 | - 60세부터 매년 초기 은퇴자산의 4%이하 인출 시<br>  85세까지 은퇴파산 가능성 낮음<br>- 인출률 7% 넘으면 생활수준 줄이거나 일자리 찾아야 |
| 인플레이션 대비 | - 2003년부터 연평균 3%이상 인플레이션 발생<br>- 은퇴자산을 안전자산과 투자 자산에 적절히 배분 필요 |
| **은퇴자 위협하는 5대 위협** | |
| **구분** | **내용** |
| 은퇴창업 | - 자영업자 571만명 중 50대 이상이 54.5%<br>- 자영업 실패시 평균 6,570만원 손실 |
| 금융사기 | - 50대 금융사기 피해확률 5%대로 다른 연령보다<br>  배 이상 높은<br>- 금융사기 피해액 평균 7,000만~8,000만원대 |
| 중대질병 | - 50대 이상 절반은 사망 때까지 암, 심혈관질환,<br>  뇌혈관질환 등 3대 질병 발생 |

| 황혼이혼 | - 혼인기간 20년 이상인 황혼이혼 증가추세 |
| | - 이혼 시 재산분할로 노후 재정상황 취약 |
| 성인자녀 | - 50~60대 가구 28.6%가 성인자녀와 동거 |
| | - 성인자녀 생활비 월 90만원, 결혼비용 부담 약 4,600만원 |

조선일보 인용

필자는 이 표를 '생존을 위한 표'라고 본다. 김혜령 미래에셋 은퇴연구소 수석연구원은 〈은퇴리스크 5가지〉로 창업, 이혼, 질병, 금융사기, 성인 자녀 등을 들면서 다음과 같이 역설한다.

많은 사람들이 은퇴 이후 창업에 도전하지만 창업 후 3년 이내에 휴업, 폐업할 확률이 50%에 달하며 창업에 실패하게 되면 평균 6천만~7천만 원의 손실을 보게 된다. 은퇴 후에 창업은 정말로 신중을 기해야 한다.

50대 이상의 은퇴자들은 다른 연령대에 비해 금융사기에 더 많이 노출된다. 이들은 더 높은 수익률을 제시하는 꼬임에 쉽게 넘어간다. 한국 투자자 보호재단에 따르면 50대 이상 은퇴자들 가운데 4명 중 1명이 금융사기 피해 경험이 있는 것으로 드러났다.

은퇴 후의 질병은 피할 수 없다. 50대 이상 남성이 중증질환에 걸릴 확률이 45%나 된다. 암, 심혈관, 뇌혈관 등 노후에 질병으로 고통 받을 확률이 높으므로 충분히 미리 대비해야 한다.

황혼 이혼은 어떤가? 과거에 비해 황혼 이혼이 크게 늘었다. 그에 따른 재산분할은 남녀 모두의 노후생활을 재정적으로 불안하게 한다.

성인 자녀 부양도 문제다. 우리나라 부모 중 상당수는 자녀를 대학교 때까지만 지원하겠다고 하지만 실상은 다르다. 혼인 전까지 부모가 자녀를 책임지는 문화가 자리잡고 있다.

'고령화'는 무섭게 뿌리내리고 있다. 전문가들은 고령화가 쓰나미처럼 우리 사회에 재앙을 가져올 것이라고 주장하고 있다. 이를 반영하듯이 우리 사회는 65세 이상 비율이 7%인 고령사회를 넘어, 20%에 육박하는 초고령사회로 들어섰다. 고령화 사회 도달 속도는 프랑스가 156년, 미국이 86년, 일본이 36년인데 반해 한국은 26년으로 가장 빠르게 나타났다. 이에 반해 출산율은 2018년 기준 0.98%로 세계 최저를 나타내고 있다. 생산가능 인구(15세~64세)는 2019년부터 줄어들었고, 이에 따라 경제성장률은 2%를 넘지 못하고 있다. 그야말로 국가적 재앙 수준이다.

일본이 '잃어버린 10년'이라는 경제위기를 맞은 가장 큰 이유가 초고령사회에 빨리 도달했기 때문이라는 연구보고가 있다. 일본은 인구 40%가 1~2인 가구이다. '무연고 사망자 유품처리'와 '친인척 연락업'이 호황을 이룬 지 오래다.

일본에서 지낼 때 NHK의 다큐멘터리를 보고 큰 충격을 받았던 기억이 있다. 수도권의 어느 임대주택 단지에서 일어난 고독사 문제를 심층 취재했던 내용이다. 언젠가 전철 창 너머로 바라봤던, 평범해 보였던 그곳에서 죽은 지 3년 된 시신이 발견되었다. 가족도 이웃도 누구도 찾지 않는 버려진 사람. 어느 날 갑자기 지켜봐 주는 사람 하나 없이 쓸쓸히 가버린 사람. 세상에 뭐 이런 나라가 다 있나 싶었다. 사람 사는 곳에서 사람이 백골이 되도록 모르다니. 나라가 잘 살면 뭐하나, 참 허망한 인생들이라고 비아냥 섞인 동정을 보냈다.

언젠가 본 일본영화 '고독사'의 한 장면이 생각난다. 유품 정리업(고독사 현장을 정리하는 일)을 하게 된 두 주인공. 죽음의 현장에서 서로의 상처를 치유해 가던 둘은 고립된 삶을 깨고 나와 바다를 향해 힘껏 외친다.

"겡키데스카(잘 지내십니까)!"

'죽음 뒤에 남겨진 것은 미래'라고 말하는 영화가 그들의 미래를 위해 건네는 물음이었다.

- 김희성 씨의 국민일보 칼럼 중에서

지금 우리나라에서도 일어나는 일이다. 초고령화 시대로 접어들면서 일본의 전철을 밟고 있는 것을 보면 결코 남의 일로 받아 들일 수 없는 일이다.

은퇴 후에 닥칠 인생 쓰나미를 피하는 방법은 오로지 준비뿐이다. 항구 방파 공사에 사용하는 '쉬트 파일'은 웬만해서 파도에 잘 쓸려가지 않는다. 쓰나미에 대비해서 '쉬트 파일'을 더 높이 든든하게 만들어 놓아야 한다.

어느 날, 등산을 하던 중 깊은 산에서 길을 잃었다네. 나는 생명의 위협을 느끼며 살길을 찾아 헤매었지. 그때 겨우 오두막을 발견했다네. 오두막에는 노인이 있었지. 노인은 공포에 떠는 나를 따뜻하게 맞아주며 이런 말을 했다네.

"젊은이, 사람들이 산에서 길을 잃으면 무조건 내려가서 마을을 찾으려고 하는데 이는 더 큰 위험에 빠질 수 있는 실책이라네. 산에서 길을 잃으면 오히려 산 위로 올라가야 하네. 산 위에 올라가면 자신의 위치와 길이 한눈에 보인다네. 물론 보이지 않던 마을도 볼 수가 있지."

나는 노인의 말에 용기를 얻었지. 그리고 산 위에 올라가 마을로 내려가는 길을 선명하게 확인할 수 있었다네.

- 겨자씨 '칼럼' 중에서

은퇴 쓰나미를 준비하는 방법도 이와 크게 다르지 않다. '쉬트 파일'을 치고, 높은 산 위에 삶의 기반을 다져야 한다.

현실이 이런데 퇴근길에 술집에 들러 노닥거리고, 주말이면 싸돌

아다닌다면 문제가 아닐 수 없다. 만고의 진리 유비무환을 잊는다면 은퇴 쓰나미가 닥칠 때는 속수무책일 수밖에 없다.

당신은 이 세상에서 가장 무서운 은퇴 쓰나미에 대비해서 무엇을 준비하고 있는가? 쓰나미는 언제나 예고 없이 닥친다. 지금이라도 누군가 당신에게 이렇게 외치는 말에 귀를 기울여야 한다.

"오 겡키데스카?"

# 은퇴시공, 돈으로만 하는 건 아니다

　　돈(Finance)만으로 노후가 보장되는 것은 아니며, 취미(Field)와 재미(Fun)를 함께 할 배우자나 친구(Friend)가 있어야 하고, 반드시 건강(Fitness)이 뒷받침돼야 한다. 결국 단순한 재무적인 부분만으로는 은퇴 후 풍요로운 노후를 맞이할 수 없기에 비재무적인 영역을 확대하는 노력이 필요하다. 준비된 은퇴와 행복한 노후의 조건인 '5F'를 은퇴전문가나 은퇴준비기관의 도움을 받아 은퇴하기 훨씬 이전부터 체계적으로 준비 설계해야만 풍요로운 노후를 맞이할 수 있다.

- 대한생명 은퇴연구소 최성환 소장

　　은퇴시공에는 재무적인 영역과 돈으로 살 수 없는 비재무적인 영역이 있다. 은퇴 후에는 이 두 가지가 밸런스를 이뤄야 한다. 따라서 비즈니스 컨설턴트인 마이클 르뵈프(Michael Leboeuf)가 추천하는 다음과 같은 시간의 투자법을 익힐 필요가 있다.

첫째, 가장 먼저 공부하는 데 투자하라.

둘째, 다음엔 돈 벌기에 많은 투자를 하라.

셋째, 그 다음으로 자신의 삶을 누리는 데 투자하라.

넷째, 마지막으로 베풀기에 시간을 투자하라.


사람이라면 누구나 성장하면서 해야 할 단계별 과제이기도 하지만 은퇴한 사람에게는 더더욱 필요한 시간 투자법이다. 그러려면 역시 공부를 해야 한다.

공부하는 데 가장 경제적인 방법은 '독서'와 '신문 애독'이다. 이런 것은 사람을 변하게 하고 지식과 견문을 넓히며 개인의 세계관을 우물 안에서 이끌어내는 중요한 도구이다. 간접 경험과 상상력을 풍부하게 하고 이해력과 탁월한 판단력을 키워준다.

평생 공부는 수명까지 연장시켜준다고 한다. 공부하는 사람이 그렇지 못한 사람에 비해 건강한 미래를 설계하기 때문이다.


미국 프리스턴대 레러스 무니 교수팀은 주별 인구 센서스 자료를 조사한 결과 평균적으로 학교를 1년 더 다니게 되면 35세 평균 기대 수명이 1.5년 늘어난다는 사실을 발견했다. 국민의 학습량이 늘면 평균 소득도 늘어난다고 한다. 평생학습 참가율이 1% 늘어나면 1인당 국민소득이 330달러 정도 증가하는 것으로 나타난다고 한다.

은퇴자 우울증의 대부분은 사회적 관계가 끊어지면서 온다고 한다. 따라서 독학보다 관계가 맺어지는 각종 사이버대학, 대학원, 최고위 과정 등을 통해서 공부하면 덜 지루하고 매우 효과적이다. 요즘 지자체가 은퇴자를 위한 다양한 프로그램을 운영하고 있다. 행복한 은퇴 시공을 위해 꼭 살펴야 할 프로그램들이다.

미국의 발달심리학자 위너 샤이는 "건강한 노인들은 대부분 60세까지 정신능력이 거의 손상되지 않는다"고 한다. 한 전문가는 "노후의 행복조건은 경제적인 측면만이 아닐 텐데 어떻게 생각하는가?"라는 질문에 이렇게 답한다.

"당연하다. 돈이 중요하긴 하지만 그것만으로 행복한 노후를 즐길 수는 없다. 한·일 양국처럼 고도성장을 겪고 '남성전업·여성가사 모델'의 전통이 뿌리내린 나라의 경우 특히 남성 은퇴 이후의 연착륙 장치로 소일거리와 연결된 취미나 인간관계가 중요하다. 그런 것은 가족을 비롯해 지역단위 등에서 활기찬 인생 2막을 위해 참여 장벽을 낮춘 자발적이고 생산적인 네트워크를 구축하는 게 좋다. 사회봉사를 통해 현역시절 구축한 경험과 노하우를 환원하는 것도 한 방법이다."

행복은 뭔가 새로운 것을 배우고, 삶의 의미와 목적을 분명히 인식하고, 하루의 생활에 만족할 줄 아는 데서 온다.

현직에 있을 때 아무리 많이 배우고 잘 나갔다고 하더라도 마음을 비우고 '겸손'이란 학위를 따기 위해 새로운 배움의 여정을 떠나보자.

은퇴시공! 꼭 돈으로만 준비하는 게 아니다. 이 세상엔 돈 없이도 할 수 있는 것이 정말 많다. 은퇴는 길고 할 일은 많다.

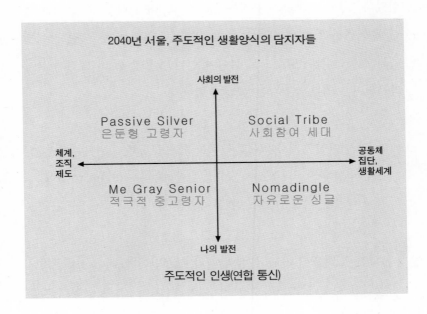

2040년 서울, 주도적인 생활양식의 담지자들

주도적인 인생(연합 통신)

그림을 보고 생각해 보자.

'나는 무엇을 할 수 있을까?'

사람들은 정년 후에야 조직을 떠난 객체(客體)로서의 인간이 된다. 일본에서 '나의 개인주의'를 강연하는 나쓰메 소세키는 말한다.

"이 세상에 태어난 이상 나는 무엇이든 해야 했다. 하지만 무엇
을 해야 하는지 정말 몰랐다. 안개 속에 갇힌 고독한 인간처럼 꼼
짝할 수 없었다."

은퇴 전에는 조직에 매였다는 이유로 우리는 늘 타인 중심으로
살았다. 회사 출퇴근과 휴가는 물론이고, 내가 마실 술도 다른 사
람에게 권하고 다른 사람의 술을 내가 마시곤 했다. 그런데 이제
은퇴 후에는 자기 중심으로 살아야 한다. 『정년 후 더 뜨겁게 살아
라』의 저자 키토 히토시는 이렇게 말한다.

"만약 어떤 장애가 있다면 그것을 밟아 뭉개고 전진해야 한다.
당신의 일과 당신의 개성이 정확히 만날 때, 바로 거기에 내가 안
주할 수 있는 자리가 있다는 것을 깨달을 것이다"

은퇴는 두려움이 아닌 설렘의 시작으로 받아 들여야 한다. 지난
시절 앞만 보고 달리느라 가보지 않은 길, 차마 갈 수 없었던 길을
가 볼 수 있는 기회이다.

눈치 보지 말고 살자. 내가 먼저고, 내가 최고이며, 자식과 아내
는 그 다음이다. 만나기 싫으면 억지로 만나지 말고, 먹기 싫은 술
이면 억지로 마시지 말자. 기왕이면 좋은 기운과 즐거움과 쾌활함
을 주는 사람과 가까이 하자. 그러려면 앞에서 말한 것처럼 여럿이

함께 하는 공부의 자리에 들어서야 한다. 공부만이 나를 나답게 만들어 가는 최고의 방법이다.

전문가에 의하면 나이 50이 넘으면 지금까지와 반대로 행함, 즉 '역행'이 육체는 물론 정신건강에 참으로 좋다고 한다. 검은 색 양복을 즐겨 입었다면 붉은 색 양복도 입어보고, 트로트와 뽕짝만 즐겨 들었다면 발라드와 샹송도 즐겨보자. 갈비집과 횟집만 가지 말고 파스타도 먹어보고 터키 요리도 먹어보자.

삶의 모드를 바꿔보는 일이다. 이런 것에는 꼭 돈만이 필요한 것이 아니다. 새로운 것을 배우고 익혀나가겠다는, 즉 끊임없이 공부하겠다는 자세가 더 필요한 것이다.

돈 Worry, 은퇴 Happy!

# 퇴직 연습, 해 봤는가?

　비슷한 나이의 사람들과 만나 어느 정도 친해지고 집안 얘기를 나누다 보면 놀라게 된다. 어느 가정이고 연로하신 부모님 간병, 또는 치매 증상 이야기가 빠지지 않는다. 이미 겪었거나 겪고 있는 일들을 다투어 털어놓는다.

　베이비부머는 조만간 자기들에게 닥칠 일을 일찌감치 예행연습 중인 셈이다. 우리 할아버지 세대에도 '노망'이 있기는 했지만, 이렇게 광범위하게 대중화(?)된 적은 대한민국 역사에 없었다.

　치매에는 문관(文官)과 무관(武官) 치매 두 종류가 있다는 것도 최근에 들었다. 적극적이고 씩씩하던 어른이 어느 순간부터 조용하고 얌전해지면 문관 치매, 평생을 부드럽고 소극적으로 사시던 분이 갑자기 활달하고 거칠어지면 무관 치매란다. 무관이 되면 평소 속을 드러내지 않던 분의 잠재의식을 발휘한다. 시어머니를 모시고 사는 한 여성은 치매 증세가 시작된 시어머니가 아들(남편) 출근길 배웅을 하는데, 며느리에게 '왜 네가 나서니?'라고 쏘아붙인다고 하소연이다. 아들을 빼앗겼다는 잠재의식이 표면화된 걸로 이해는 하지만, 황당한 심정이란다. 반대로 한 고위 공직자는 '집 안 어른의 문관 치매 덕분에 가정이 평화로워졌다'고 고백한다.

- 노재현 중앙일보 논설위원의 칼럼 중에서

어쩌면 우리가 은퇴 후에 마주칠 일이다. 노후의 치매는 이제 은 퇴자라면 누구나 경계해야 할 질병으로 자리 잡았다. 내가 치매에 걸릴 걱정이 없다고 자신있게 말할 수 있는 사람은 얼마나 될까?

은퇴시공은 죽음도 미리 준비해야 할 과목 중에 중요한 요소다. 삶의 태도, 죽음에 대한 수용 자세 등을 미리 준비하면 얼마든지 편안한 죽음, 즉 웰 다잉(Well Dying)을 할 수 있기 때문이다.

경남 어느 지방에서 하루에 두 곳의 장례식을 가야 할 일이 있었 다. 일정상 장례식장에는 못가고 모두 장지로 가게 되었다. 두 곳 모두 망자에 대한 '죽음에 따른 절차'와 '생의 이별'은 같았다. 하지 만 이에 따르는 동사는 두 곳이 너무나 달랐다.

한 쪽은 묘지에 흙 한 삽을 뜰 때마다 온 가족이 울고 불며 오열 로 슬픔의 절규를 했고, 또 한 쪽은 가족과 친지들이 조용히 기도 하면서 담담하게 모든 절차를 마무리 했다.

같은 상황을 놓고 너무나 다르게 전개되는 사실 앞에 많은 생각 을 하게 됐다.

죽음의 명사적 의미는 '생명이 없어지는 현상'이다. 스스로는 아무 준비도 할 수 없는 출생과 달리 죽음은 스스로 얼마든지 준비를 할 수 있다. 언젠가 죽는다고 생각하고 죽음을 준비하면 두려움을 없애고 행복하게 잘 죽을 수 있다.

　　나의 본질은 동사죠. 명사보다 동사에 맞춰져 있어요. 명사로 바꾼다면 성장하고 살아 있는 것은 죽게 됩니다. 내가 존재하지 않으면 동사도 사라집니다. 동사야말로 이 우주를 살아있게 만드니까요. 나는 동사예요. 나는 살아있고 역동적이고 활동적이고 또 움직이죠.

　　　　　　　　　　　　　　　　　　　　- 윌리엄 폴영 '오두막'에서

　은퇴 후 아무리 긍정적인 마음을 가졌더라도 마음 속으로만 갖고 있으면 소용이 없다. 행동과 실천이 필요하다.

　인생 후반을 살아가는 사람에게 필요한 건 시간 돈 등 명사가 아니라 행동력으로 보여주는 동사다. 눈높이 낮춰 재취업하기, 귀농하기, 노동현장에서 일하기, 호스피스 활동하기, 숲 해설가 되기, 글쓰기, 그림 그리기, 사막 여행하기, 아프리카 오지에서 봉사하기 등 많은 동사가 은퇴자들의 선택을 기다리고 있다. 당신이 은퇴 후에 명사형을 동사형으로 바꾸려면 어떻게 해야 할까?

　우리 경제는 해를 거듭할수록 어려워 지고 있다. 특히 건설업종은 더욱 더 심하다. 워크아웃 내지는 법정관리 중인 회사도 늘고 있다. 그 여파의 불똥이 당장 주변으로 튀었다. 동료들이 대책 없이 떠나는 모습을 말없이 지켜봐야만 했다.

대다수가 백수시대의 무거운 짐을 진 50대들이다. 노령의 부모를 모시는 마지막 세대이며, 청년 백수인 자녀는 물론이고, 본인의 퇴직 후 삶을 스스로 건사해야 한다. 이때 심각한 것은 경제적 문제, 시간 활용 문제보다 '퇴직을 받아들이는 심리적 대비'가 전혀 안 되어 있다는 것이다.

이런 경우 동료로서 선배로서 위로라도 한마디 건네려 전화라도 하면 휴대폰은 며칠째 꺼져 있기 일쑤다. 어쩌다 연락이 되면 아내와 자녀들에게 차마 말을 못해서 평상시 복장으로 무작정 집을 나선다고 한다. 울분과 분노를 삼키지 못해 몇 날을 술로 보내기도 하고, 아직 대학생 아이가 두 명이나 있다며 하소연도 해본다. 밤마다 불면증에 시달린다는 서글픈 이야기도 들려준다. 물론 그것이 곧 언제 나의 일이 될지 모른다. 참으로 서글픈 일이다.

모든 일이 그렇듯이 준비 없이 맞는 퇴직은 미풍에도 휘청인다. 조금이라도 시간 있을 때 충분히 준비하는 것이 최고의 은퇴시공이다.

언젠가 퇴직을 하게 될 당신!

퇴직 연습을 해봤는가?

퇴직 연습은 명사형이 아니라 동사형이다.

# 시관찰(視觀察), 3박자를 갖춰라

가족 병간호를 하면서 자연의학에 관심을 가질 때 7일간 생수만 마시는 단식을 한 적이 있었다. 일체 음식을 끊는 극한의 굶주린 고통 속에서 마시는 물은 사람의 생명줄을 이어주는 그야말로 '생명수' 그 자체였다.

우주에는 수많은 물질이 있지만 공기 다음으로 물처럼 소중한 것도  없을 것이다. 물은 늘 위에서 아래로 흐르며 강이나 하천의 지형을 거슬리지 않고 차게 되면 넘치게 된다. 물은 인생의 진리를 가르쳐 주기도 하고, 한 여름 폭염으로 불쾌지수가 높아질 때 청량감을 제공해주기도 한다.

그런데 이렇게 이로움을 주는 물이 언제나 좋은 것만은 아니다. 특히 건설현장에서 물은 종종 골칫거리를 제공한다.

구조물공사를 하면서 가장 골치 아프고 신경 쓰이는 일이 누수를 막는 일, 즉 방수공사다. 회사에서 누수로 문제가 많이 생기니까 각 현장 슬로건으로 "물을 막자!"로 내세운 적도 있었다. 지하철이나 터널, 그리고 건축물, 아파트 등에서 누수로 물이 새면 하자와 부실시공으로 낙인이 찍힌다. 방수공사를 철저히 함은 물론이고, 콘크리트 강도, 구조물 양생, 조인트 처리를 아무리 잘 해도 막무가내로 터지는 누수는 건설기술자들의 최고의 고민이자 영원한 숙제다.

은퇴시공도 마찬가지다. 인생에서 누수 되는 곳을 잘 잡아야 탈이 없다. 건강 위험, 자녀 리스크, 대책 없는 창업, 그리고 퇴직금 사기 등 '누수 위험'은 도처에 널려 있다.

그 중에 하나가 기생독신(寄生獨身, Parasite Single)이다. 어른이 돼서도 부모에 얹혀사는 독신을 말한다. 1990년 장기불황에 빠진 일본에서 맨 처음 생겼다. 이들은 신혼 집값을 마련하지 못해, 혹은 집값을 마련하느라 고생하는 게 싫어 나이 마흔에 가깝도록 부모에 기대어 독신으로 산다. 이들은 대개 어른이 되기보다 '나이든 아이'로 살아가는 게 낫다고 생각한다.

일본 총무성은 35~44세 젊은이 여섯 명 중 한 명이 부모와 함께 사는 미혼자라고 한다. 장기불황에 빠지면서 청년의 취업이 힘들어지고, 집값이 높아지면서 만들어낸 비극이다.

우리 나라 사정도 별반 다르지 않다. 기생독신과 세계최저 출산율의 주요 원인은 신혼집이다. 결혼을 하면 신혼집을 구하느라 거액을 대출받고 빚 갚는 데 허덕이니 차라리 기생독신을 택하는 이들이 늘어나는 것이다. 서울을 포함한 수도권에 웬만한 전세는 최소 3~4억 원에 달한다. 직장 초년생은 부모 도움 없이 전세 얻기도 힘든 실정이니 아이 낳을 엄두조차 내지 못하는 상황이다.

기생독신이 늘면 국가전체에 엄청난 재앙이 될 수 있다. 한 집안의 자식이 독립해야 부모도 걱정을 덜고, 국가의 젊은이들이 아이를 낳아야 저출산 문제도 해결할 수 있는데 요원한 일이 되고 있다.

일본은 70대 노인들의 보험 사기가 급증하고 있다. 보통 노인은 사기의 피해자라고 생각하기 마련인데, 일본에선 반대의 현상이 나타나고 있다. 그만큼 돈 없는 노인들이 많다는 것이다. 은퇴 후 파산은 생각보다 쉽게 온다. 이 문제를 해결하려면 먼저 자녀에게 올인하지 말아야 하고, 창업 같은 것도 꼼꼼히 준비해서 해야 한다. 보통 자식들에게 큰돈을 쏟아 붓는 분들이 '취업을 못해서'라는 이유를 드는데, 자식이 취업을 못했다면 그건 능력이 아니라 가치관에 문제가 있는 것이다.

미래에셋은퇴연구소 이상건 상무가 조선일보 인터뷰에서 밝힌 내용이다. 지금이라도 우리는 일본을 타산지석으로 삼아 청년취업, 신혼집문제, 육아문제 등에 다각적이고 심도 있는 범국가적 대

책을 마련해야 한다. 그렇지 않으면 은퇴시공에도 큰 차질이 올 수밖에 없다.

"제대로 보고, 살피고, 잘 관찰하여 판단하라."

논어에서 강조하는 '시(視) 관(觀) 찰(察)'을 새겨볼 필요가 있다. 은퇴시공에서 물이 새는 것을 막는 가장 확실한 방법이다. 현실을 어떻게 바라보고, 살피고, 관찰하느냐에 따라 은퇴시공이 성공하느냐, 실패하느냐가 달려 있다고 봐야 한다.

물에서 나가 땅에서 걷고 싶어 하는 물고기가 있었다. 매일 틈나는 대로 뭍으로 올라가 지느러미로 기어 다니는 연습을 했다. 공기로 숨을 쉬는 연습도 했다. 지속적인 연습 덕에 날마다 조금씩 더 멀리 나갔고, 훈련 시간도 차차 늘려나갔다. 마침내 물고기는 육지 동물처럼 아무 거리낌 없이 땅위에서 생활할 수 있게 됐다. 일생일대의 꿈을 실현한 것이다. 그런데 어느 날 넓은 강 위에 놓인 다리를 건너다 그만 떨어지고 말았다. 물에 빠진 물고기는 그만 죽어버렸다.

술자리에서 지인이 우스갯소리처럼 들려준 이야기다. 그냥 웃어 넘기기에는 많은 생각을 한다. 물에 살던 물고기가 물에 빠져 죽다니? 도대체 왜 이런 일이 생긴 것일까? 자신의 근본 기반을 망각했기 때문이다.

사람은 대개 한번 변하면 과거와 미래를 잊고 그대로 안주하는 습성이 있다. 은퇴시공은 이런 잘못을 범해선 안 된다. 자신의 과거를 기반으로, 미래를 설계하며, 현재의 변화에 끊임없이 자신을 맞춰나가야 한다.

매사에 '시(視), 관(觀), 찰(察)'이라는 3박자에 맞춰 현실을 직시해야 한다.

# 시작보다 끝이 더 중요하다!

무엇이 성공인가? 랄프 왈도 에머슨의 〈성공〉이란 시를 음미해 보자.

날마다 많이 웃게나.

지혜로운 사람에게 존경받고

해맑은 아이들에게 사랑을 받는 것.

정직한 비평가들에게 인정받고

거짓된 친구들의 배반을 견뎌내는 것.

진정한 아름다움을 발견하고

다른 사람의 장점을 알아보는 것.

튼튼한 아이를 낳거나

한 뼘의 정원을 가꾸거나

사회 여건을 개선하거나

무엇이든 자신이 태어나기 전보다

조금이라도 나은 세상을 만들어 놓고 가는 것.

자네가 이곳에 살다 간 덕분에

단 한 사람의 삶이라도 더 풍요로워지는 것.

이것이 바로 성공이라네.

세상에는 '완전한 행복'도 '완전한 불행'도 없다. 어느 때에는 행복했던 일이 불행한 일을 불러 치명적인 상처를 주기도 한다. 남들이 확실히 불행이라고 생각했던 것이 나에게 둘도 없는 행복을 불러다 주는 경우도 있다. 그야말로 인생지사는 새옹지마(塞翁之馬)다.

송나라 대학자 정이(程頤)는 누구나 행복이라 생각하는 것이 불행일 수 있는 '세 가지 불행'에 대해 다음과 같이 말했다.

"초년 시절 너무 빨리 과거에 급제하는 것, 부모를 너무 잘 만나는 것, 뛰어난 재주와 문장력을 가진 것은 오히려 불행이 될 수 있다."

초년의 고생은 사서라도 하라고 했다. 초년보다는 나중이 좋아야 행복한 삶이라고 할 수 있다. 스포츠에서 "끝날 때까지 끝난 것이 아니다"라는 말을 자주 쓴다. 전반전에 아무리 잘 했어도 후반전에 역전을 당하면 그 게임은 망친 게임이다. 인생도 이와 같다. 아무리 초반을 잘 살았어도 은퇴 후 말년을 망친다면 결코 성공한 인생이라고 할 수 없다.

종신여시(終愼如始), 마무리를 처음과 같은 자세로 하라는 뜻이다. 많은 사람들은 처음은 그럴싸하게 시작하지만 마지막에 가서는 초심을 잃고 마무리를 제대로 하지 못하는 경우가 많다. 은퇴시공에서 초심을 중요하게 여기는 이유가 여기에 있다. 초심을 끝까지 유지하는 자가 결국은 최종적으로 성공한 사람이다.

그러려면 수시로 중간 점검을 해야 한다. 고3 수험생이 최종합격을 위해 모의고사로 중간점검을 하듯이 늘 초심을 유지하기 위해 수시로 점검해보는 시간을 가져야 한다.

"내 인생의 대차대조표를 만들어라."

그렇다고 거창하게 회계 조사를 하라는 것은 아니다. 먼저 작은 노트를 한 권 구입해서 표지에 〈내 인생 대차대조표〉라고 적어라.

필자는 매년 이루고 싶은 것 10가지는 수첩 첫 페이지에 적어 왔다. 그러다 보니 지금까지 은퇴시공의 초심을 유지하고 있는 것이다.

이제 당신도 〈내 인생 대차대조표〉에 앞으로 이루고 싶은 10가지 정도를 선정해서 꼭 적어보라.

다음에 〈My Best 10, My Worst 10〉을 정해보자. 일정 기간이 지난 후에 〈잘한 것 10가지〉, 〈아쉬운 것 10가지〉를 꼽아보자. 목표로 삼았던 것들을 대상으로 아주 잘한 것 10가지, 아주 잘못한 것 10가지를 선정한 다음 왜 이렇게 되었는가 하는 반성의 시간을 가져보는 것이다.

바둑은 인생의 축소판이라는 말이 있다. 바둑은 단순한 집짓기 싸움이 아니다. 바둑에는 인간의 희로애락과 흥망성쇠가 담겨 있기 때문이다. 따라서 바둑 둘 때 경계해야 할 마음가짐과 교훈 등을 담은 바둑 격언은 인생에도 그대로 적용된다.

선작오십가자필패(先作五十家者必敗), 50집을 먼저 짓는 사람이 진다는 뜻이다. 바둑에서 50집은 엄청나게 큰 집이다. 그런데 50집을 확보하면 절대 우세라고 판단하고 방심하게 된다. 그러면 자만하기 쉽고, 자만하면 자꾸 쉬운 길로 가려 한다. 하지만 상대는 불리한 대국을 타개하기 위해 안간힘을 쓰기에 '아차' 하는 어느 순간에 국면이 뒤집혀 결국은 패착을 두게 된다.

"대마 잡고 진다."

상대방의 대마를 잡고 승리감에 도취해 있다가 역전패 당하는 경우를 일컫는 말이다.

인생도 마찬가지다. 초반에 잘나간다고 방심하다가 거꾸러지는 경우는 수도 없이 많다.

- '중앙일보'에서 발췌

인생은 후반전만 있는 것이 아니다. 연장전, 승부차기도 있을 수 있다. 건축물은 지붕이나 꼭대기 층의 마지막 미장이나 도장을 잘해야 좋은 건물로 남는다. 마찬가지로 인생은 처음이 아니라 끝이 좋아야 한다.

은퇴시공을 성공으로 마치려면 〈내 인생의 대차대조표〉를 수시로 점검하며 초심을 끝까지 이어갈 수 있어야 한다.

지금 바로 시작해보자.

내 인생의 대차대조표, 빠르면 빠를수록 좋다.

# 꼭 이루고 싶은 열 가지

1 _____

2 _____

3 _____

4 _____

5 _____

6 _____

7 _____

8 _____

9 _____

10 _____

## My Best 10

1 _____

2 _____

3 _____

4 _____

5 _____

6 _____

7 _____

8 _____

9 _____

10 _____

**TIP**

## My Worst 10

1 _____

2 _____

3 _____

4 _____

5 _____

6 _____

7 _____

8 _____

9 _____

10 _____

# 2 장

시공의 기본은 기초공사다

# 터파기부터 제대로 하라

2012년 경복궁 근처 현대미술관 서울관 건설공사 현장에서 큰 화재가 발생했다. 외국인 등 경복궁 관람객이 놀라 황급히 대피하는 소동이 있었다. 4명이 사망하고, 20명이 병원으로 후송되는 대형 인명 사고가 있었다. 전문가에 따르면 직접 원인은 전기합선이지만, 근본은 무리한 공기단축이 화근이었다.

하수처리장현장 동바리(con'슬라브 받침)붕괴 사고가 있었다. 작업인부 1명 중상을 포함해 레미콘, 철근 등 손실로 5억 원 이상의 금전 피해가 발생했다. 철거 복구로 공기가 3개월이나 지연됐다. 원인은 동바리 기초부실이었다.

1994년 10월 성수대교 붕괴사고는 어떤가? 등교하던 학생들을 포함해 50여 명의 사상자가 발생한 대형 참사였다. 조사 결과 강재볼트 연결핀(Pin)이 부실했으며 용접 두께가 2mm정도 부족했던 것으로 나타났다. 게다가 관리 부실로 과적차량을 통제하지 못한 것도 주요 원인이었다.

모두 다 기초를 소홀히 여긴 사고들이었다. 은퇴시공에서 결코 간과할 수 없는 것이 바로 기본을 지키고, 기초를 다지는 일이다. 먼저 기본을 분명히 하고 어떠한 경우에도 기본에 입각해서 관리를 철저히 해나가야 한다.

『삼국사기』에 의하면 불국사가 있는 지역은 역사적으로 지진이 30여 차례 있었다고 한다. 그런데도 불국사가 지금까지 문화유산으로 남아 있을 수 있었던 이유는 무엇일까? 불국사를 지은 선조들이 당시 지형적 특성을 고려해 기초를 든든히 한 내진구조 덕분이다. 경북대 지리학과 황상일 교수는 『불국사 지역의 지형특성과 불국사의 내진구조』라는 논문을 통해 불국사에는 '그렝이 법'과 '결구' 등 내진구조를 적용해 석축을 구성하는 각 부분들이 지진에너지를 흡수하면서 전체적으로 균형과 조화를 이루고 있다고 밝혔다.

20년 전 로마를 여행하던 중에 때마침 벌어진 교회공사 현장을 보고 직업병이 발동해서 공기가 얼마인지 물어본 적이 있었다. 필자 상식으로 2년, 길면 3년일 것으로 예상했는데 13년이라고 했다. 더 놀라운 것은 그 기간의 관리비를 다 챙겨준다는 것이다. 정말 부러웠다.

우리는 매사가 모두 빨리 빨리다. 사회 분위기가 그렇다 보니 개인으로 아무리 기본을 지키려고 해도 한계가 있을 수밖에 없다. 건설만 해도 사회적인 분위기가 기초를 다질 시간을 주지 않으니 13년의 공기는 언감생심이 아니던가?

은퇴시공이 이런 사회 분위기에 휩쓸려서는 곤란하다. 먼저 기본을 분명히 하고 충분히 기초를 다져야 하는데, 사회 분위기에 휩쓸려 빨리 빨리 하다가는 어느 한 순간에 모든 것을 와르르 무너트릴 수 있다.

"급(急)! 박(薄)! 독(毒)!"

한 경영자는 직원들에게 이렇게 "급! 박! 독!" 세 박자를 챙기라고 강조한다고 한다. 급하면 실수하게 되고, 야박하면 다투게 되고, 독하면 적이 생기기 마련이니, 이를 경계하라는 뜻이다. 이 세 박자를 챙기면 어떤 일이든 기본을 놓치고 급하게 서두르는 잘못에서 벗어날 수 있다고 강조한 것이다.

"선생님! 창의력을 키우는 비법이 있으신지요?"

프랑스 소설가 베르나르 베르베르에게 한 기자가 이렇게 질문했다. 베르베르는 이렇게 대답했다.

"규칙적인 생활과 '꿈 메모하기'입니다."

작가에게 메모는 기본이다. 메모광인 베르베르는 아침에 일어나면 전날 밤 꾼 꿈을 기억나는 데까지 메모를 해놓는 습관이 있다고 한다. 그는 작가가 갖춰야 할 기본을 충실히 지켰기에 세계적인 작가가 될 수 있었던 것이다.

수영으로 올림픽의 금메달을 휩쓴 미국의 마이클 펠프스 선수는 잠자리에 들기 전, 그리고 잠자리에서 일어나자마자 자신이 머릿속으로 구상하는 완벽한 레이스를 펼치는 비디오를 본다고 한다. 그는 그렇게 매일 자신이 상상하는 가상 레이스 비디오를 보면서 수영 선수로서 스피드를 내는 기초와 기본을 든든히 다져 나갔고 마침내 최고의 수영선수가 된 것이다.

자기 분야에서 성공한 사람들은 자신이 하는 일에 기본을 충실히 지킨 사람들이다.
은퇴자로서 성공하려면 은퇴시공 과정에서 가장 중요한 '터파기'를 충실히 해야 한다. 시공의 기초인 '터파기'는 아무리 강조해도 부족함이 없다.

봄에 씨앗을 뿌리지 않은 농부는 가을이 돼도 거둬들일 곡식이 없다. 노력하지 않는 이에게는 어떤 결실도 기회도 다가오지 않는다. '아름다운 정원'을 갖기 위해서는 '허리 굽혀 땅을 파야' 한다.

우리는 수없이 많은 것들을 소망하지만, 단지 '바라는 것'만으로는 얻을 수 없다. '소망'이라는 이름의 자전거는 끊임없는 '노력'의 페달을 밟아야 굴러가기 때문이다.

　　　　　　　　　　　- 고두현 시인의 '노력의 소중함'에서


〈기초〉라는 말의 순서를 바꾸면 〈초기〉가 된다. 은퇴시공을 위한 〈기초〉 터파기는 〈초기〉에 잘 해야 한다. 〈초기〉에 부실하거나 썩은 씨앗을 뿌리면 아무리 노력해도 열매를 거둬들일 수 없다.

마찬가지로 은퇴시공도 〈초기〉에 터파기를 잘못하면 아무리 노력해도 언제 무너질지 모르는 사상누각을 짓는 것과 같다. 따라서 이후에 피나는 노력을 헛되지 않게 하기 위해서라도 〈초기〉에 〈기초〉인 터파기부터 제대로 해야 한다.


은퇴시공은 터파기부터!

터파기부터 제대로 하라!

# 부등(不等)침하! 인생 붕괴를 조심하라!

　한국인은 과거보다 훨씬 오래 삽니다. 이제 인생은 일흔이나 여든에 끝나지 않을 겁니다. 아흔 살은 우리가 인생과 작별하는 나이가 아니라 인생의 '마지막 10년'을 시작하는 나이에 가까워질 겁니다. 그때까지 정답고 넉넉하게 살다 품위 있게 떠나려면 어떻게 해야 할까요?

　'나와 내 가족이 얼마나 오래 살까?'를 알아보려면 독자 여러분의 출생연도와 성별을 입력하여 결과보기를 클릭한 후, ①같은 해 태어난 사람 중 몇 명이 살아있는지 ②그들은 어떤 병을 앓고 있는지 ③시간이 흐르면서 질병 판도가 어떻게 달라지는지 ④각자의 수명이 얼마나 되는지를 한눈에 보실 수 있습니다.

- 조선일보 특집 '한국인의 마지막 10년' 중에서

　필자의 가슴에 가장 와 닿는 건 '②그들은 어떤 병을 앓고 있는지?'라는 문항이다. 어떤 질병으로 사망했을까? 지금 당장 무슨 병을 조심해야 할까? 미래에 무슨 병을 조심해야 할까? 이런 생각에 대한 두려움과 의구심을 떨칠 수 없다.

사람은 누구나 아름다운 죽음, 웰 다잉(Well Dying)을 원한다. 마지막까지 팔팔하게 살다가 아프지 않고 가길 원한다. 무병장수로 사랑하는 사람과 아름다운 작별을 하고 싶어 한다. 그런데 이것은 그렇게 쉽지 않은 일이다. 아래 도표가 그를 증명한다.

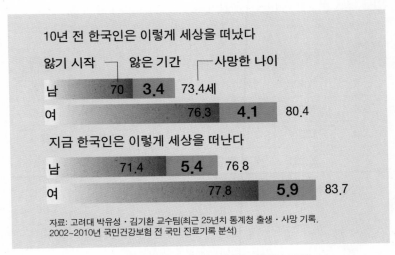

도표) 한국인은 이렇게 떠난다(조선일보 발췌)

다수의 사상자를 냈던 00 현장의 교량붕괴 사고, 조금만 더 신중히 확인했더라면 하는 아쉬움이 남는다. 붕괴는 일순간이지만 수습해야 할 뒷일이 너무나 많았다. 사고는 찰나지만 후유증은 너무 깊고, 길고, 무겁다. 회사의 회복 노력이 아무리 눈물겨워도 사고로 인한 엄청난 이미지 손상은 회복하기 힘들다. 영원히 붕괴된 교량을 시공한 죄인으로 남을 뿐이다.

금전적 손실도 막대하다. 사고 교량 철거와 폐기물 처리, 그리고 재시공에 수억 원이 소요된다. 사망자, 부상자 합의금도 만만치 않다. 사고 수습과 변호사 비용 등 경비도 무시할 수 없다. 요즘과 같이 건설이 어려운 시기에는 한 순간의 실수로 모든 것을 잃을 수 있을 정도로 어마어마한 손실이다.

| 콘셉 | 유형 | 스타일 | 코드 | 내용 | 압축 |
|---|---|---|---|---|---|
| Off | 퇴출형 | 일반 타이어 | 老忍 | 그냥 삶 | 勞人 |
| On | 지속형 | 런플랫 타이어 | 老認 | 변함 無 | 路人 |
| Out | 표출형 | 스노 타이어 | 老仁 | 들이 댐 | 露人 |
| In | 은둔형 | 펑크 타이어 | 老人 | 연 끊음 | 老人 |

은퇴 유형 4박자

은퇴자의 유형은 도표처럼 네 가지다. 퇴출형, 지속형, 표출형, 은둔형. 자동차 타이어로 비유하면 일반 타이어, 런플랫 타이어, 스노 타이어, 펑크 타이어로 볼 수 있다.

이들은 살아가는 삶의 내용도 각기 다르게 나타난다. 노인(老忍)으로 그냥 형편이 주어진 대로 인내하면서 살거나, 노인(老認)으로 세상에서 인정받으면서 살거나, 노인(老仁)으로 무엇이든지 도전하고 들이대면서 살거나, 노인(老人)으로 세상과 연을 끊고 산다.

당신은 어떤 유형에 속한다고 보는가?

어떤 유형이 맘에 드는가?

미래의 일이라 누구도 장담할 수는 없다. 하지만 설계와 시공에 따라서 그 유형은 얼마든지 선택할 수 있다.

필자는 남자를 다음과 같이 표현하고 있다. 〈男〉은 〈田+力〉으로 이뤄졌다. 즉 남자란 일터에서 일을 하는 사람이라는 뜻이다. 이것을 그림으로 나타내면 도표와 같다.

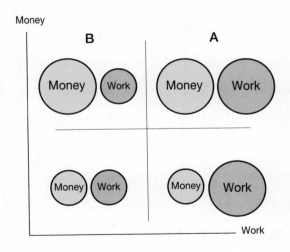

남자의 삶 4박자

남성들이 퇴직 후 경제권을 잃으면서 가정 내 권력 관계가 역전되는 것도 노후 부부갈등을 부추기는 요인이다. 남성이 부부 관계 변화에 제대로 적응하지 못한다는 점에서 더욱 그렇다. 대부분의 남편은 가장으로서 힘(경제력)을 잃고 의식주 생활의 상당 부분을 아내에게 의지하고, 아내가 보살피는 불균형한 관계가 감정의 골을 만든다는 것이다. 특히 남성이 남편과 아내의 역할에 대한 이분법적 고정관념을 갖고 있고, 가족생활에 소극적으로 참여하는 경우 문제는 더욱 심각하다.

- 중앙일보 발췌

붕괴되는 것은 건축물만이 아니다. 당신 인생도 은퇴시공을 제대로 하지 못하면 어느 한 순간에 무너질 수 있다. 특히 베이비부머로서 가부장적인 의식을 갖고 있는 남성 은퇴자라면 나이가 들수록 더더욱 조심해야 한다. 한번 무너지면 다시 일으켜 세울 시간이 부족해서 너무나 힘들고 어려운 말년을 보내야 한다.


1,001-1= 1,000.

이것은 수학공식에서나 가능한 일이다. 은퇴시공에서 1001-1=0이 될 수 있다. 1,000번을 잘 하다가도 한번 잘못하면 모든 게 허사로 끝날 수 있다. 은퇴설계가 아무리 좋아도 은퇴시공에서 중요한 기본이 부실하면 〈은퇴〉라는 건물은 한 순간에 와르르 무너져 내릴 수 있다. 오늘은 모든 것을 0으로 만들 수 있는 당신의 1에 대해 생각해 보자.

직장에 있는 이들에게 1은 바로 오늘이다. 무엇보다 오늘을 소중하게 여기며 기본을 지키며 살아야 한다. 그것이 인생 붕괴를 막는 확실한 은퇴시공의 출발이다.

당신이 아직 어리거나 젊다면 한두 번은 실패해도 괜찮다. 실패를 해가면서 모든 것을 0으로 만드는 1이 무엇인지 체험해 보는 것도 좋다. 하지만 은퇴를 앞둔 나이라면 신중해야 한다.

하루하루 기본을 지키며 사는 삶, 한 순간에 모든 것을 0으로 만드는 1인 기본에 충실한 은퇴시공, 그것만이 당신의 후반전 '인생 붕괴'를 막는 초석이 된다는 것을 명심해야 한다.

은퇴시공은 누가 뭐라 해도 기본을 지켜야 한다.

# 이젠 나이를 먹어야 한다

밥에는 찰밥과 메밥이 있듯이 석축 쌓기에도 '찰쌓기'와 '메쌓기'가 있다. '찰쌓기'는 돌과 돌 사이에 찰밥처럼 부드러운 몰탈(mortar, 시멘트와 모래를 물과 섞어 반죽한 것)을 발라서 틈새가 없도록 쌓는 것이다. '메쌓기'는 그냥 돌로만 쌓기에 돌 사이로 흙이나 물이 흘러나온다. 이에 반해 '찰쌓기'는 물이나 흙이 새어 나올 틈이 없다.

외관은 '찰쌓기'가 단단해 보이지만 흘러나오지 못한 배면(背面)의 물이나 흙으로 인한 압력으로 축대가 무너질 수 있다. 그래서 공사 시방서에 석축이나 옹벽 등에는 일정한 간격으로 PVC관 등으로 필히 배수구를 설치하도록 명시하고 있다. 우리가 가끔 보는 지하철이나 터널의 누수는 방수공법만으로 하자를 막기 어렵다. 배수구를 설치해서 물을 유도해 빼내는 방법을 쓰는 이유다.

뉴스에서 흔히 보는 축대가 무너지는 것은 기초나 구조체 자체에 부실 등도 원인이지만, 배수불량으로 인한 붕괴가 대부분인 경우가 많다. 억지로 막아 놓으면 무너질 수 있기에 배수구를 곳곳에

설치해서 물을 빼주어야 무리가 생기지 않는다.

은퇴시공은 변신력(Transformability)을 발휘해 경계를 넓히는 자세가 필요하다. 타성에 젖어 '찰쌓기'처럼 외관만 중요하게 여길 것이 아니라 내가 누군지 끝없이 물으면서 자신에게 적합한 시공 방식을 찾아 나가야 한다. 외관은 좀 부족해도 '메쌓기'가 필요한 자리라면 과감히 변신해서 '메쌓기'를 해나가야 한다.

찰쌓기가 아무리 보기 좋아도 배수구를 만들지 않으면 석축은 붕괴될 수밖에 없다. 당신의 인생도 마찬가지다. 베이비부머는 부동산이 80% 이상을 차지하는 꽉 막힌 자산구조를 뚫어야 한다. 자금이 순환되고 유연성 있게 활용할 수 있는 형태로 바꿔야 한다. 이제는 외관만 좋은 부동산에 얽매인 체면을 다 내려놓고 새롭게 은퇴시공을 해나가야 한다.

어느 곳이라도 막힌 부분이 있으면 모양은 좀 떨어지더라도 '메쌓기'를 시도해서 배수 파이프나 유도 수로를 꼭 설치해야 한다. 그렇지 않으면 축대가 무너져 모든 것을 한 순간에 잃을 수 있다.

오래 전에 스마트폰으로 날아온 선배의 카톡을 보고 한 동안 눈을 의심했던 기억이 생생하다. 평생 건설 노가다를 했던 그는 대학 선배이면서 하늘 같은 직장 고참(필자가 과장일 때 상무이사)이다. 그동안 휴대폰 문자 한 번 안 쓴 선배이기에 불쑥 날아든 카톡은

'신선함' 그 자체였다. 무엇이 그를 이렇게 화려하게(?) 변신을 시켰을까? 게다가 카톡으로 날아온 것은 이해인 수녀의 '송년엽서'라는 시의 일부였다.

> 하늘에서
> 별똥별 한 개 떨어지듯
> 나뭇잎에
> 바람 한 번 스쳐가듯
> 빨리 왔던 시간들은
> 빨리 떠나가지요
> 나이 들수록 시간은
> 더 빨리 간다고
> 내게 말했던 벗이여
> 어서 잊을 것은 잊고
> 용서할 것은 용서하며
> 그리운 이들을
> 만나야겠습니다

어떻게 퇴직한 지 꽤 오래된 선배에게 이런 일이 생길 수 있는 것일까? 나름대로 추측해 보았다. 늙었다고 생각해 포기해서는 안 되겠다는 다짐, 아니면 지금이 자신을 위해 살 수 있는 인생 터닝

포인트라고 생각한 계기, 어쨌든 필자에게는 신선한 자극이었다. 선배는 '이 나이에 내가 뭘?'이라는 생각을 버리고, IT 세상과 관계없이 살아온 삶의 패턴을 바꿔 새로운 세계에 발을 들여 놓은 것이 분명하다.

심리학자 엘렌 랭거와 주디 로딘은 한 요양원에서 연구를 진행했다. 이곳에서 그들은 무작위로 두 개 층의 거주자들을 두 개의 다른 그룹에 배정했다.

한 개 층에 사는 사람들은 일정을 계획하는 것에서부터 자기 식물에 물주는 일에 이르는 모든 일에서 필요한 지원과 통제를 받았다.

다른 층에 사는 그룹은 어느 정도의 책임과 선택권을 부여받았다. 이들은 특정 식물들을 직접 선택하고 그것을 스스로 돌보는 권한이 있었다. 언제 영화를 보고 손님들을 어디서 맞을지 등과 같은 일상적인 결정에 대해 더 많은 선택권을 지녔다. 그들은 자신이 뭘 하고 싶은지 선택할 기회가 더 많았다. 18개월 뒤에 이들은 훨씬 더 건강하고 적극적이고 덜 우울하며 더 자신감 있고 기민하고 쾌활한 태도를 보였다.

연구의 놀라운 결과는 책임과 선택권을 부여 받은 그룹의 생존율이 대조군보다 두 배나 높았다는 사실이다.

- 탈벤 사하르의 『행복을 미루지 마라』에서

인생은 선택권이 있어야 생존율이 높아진다는 것을 보여주는 내용이다. 인생에서 스스로 선택하는 것이 얼마나 중요한가를 일깨워주는 이야기다. 그런 점에서 카톡을 보내준 선배의 변신을 향한 선택에 존경을 표한다. 선배의 선택은 선배의 은퇴시공을 더욱 든든하게 다져줄 것이 분명하다.

늙어 가는 길에는 두 갈래가 있다. 하나는 '나이 먹는 길'이고, 또 하나는 '나이 드는 길'이다. 전자는 능동적인 선택이고, 후자는 수동적인 선택이다.

인생은 선택이다. 당신은 '나이를 먹을 것'인지 '나이를 들 것'인지 스스로 선택할 수 있다. 당신은 어느 길을 선택하겠는가?

지금 당신이 살고 있는 모습이나 당신이 살아갈 은퇴 모습은 모두 당신이 선택한 결과다. 그 선택은 순전히 당신의 몫이다.

이제는 스스로 나이를 먹어가야 한다. 찰쌀기와 같은 외관에만 집착하지 말고, 시대에 맞게 자신을 맞춰가며 당당하게 나이를 먹어가는 것으로 은퇴시공의 기초를 다져갔으면 한다. 먼저 외관에 치중한 '찰쌀기'에서 벗어나 외관은 좀 부족해서 실속이 있는 '메쌀기'도 중요하게 여기는 관점의 전환이 절대적으로 필요하다는 것을 명심하자.

"우린 늙어가는 것이 아니라 조금씩 익어가는 겁니다. 저 높은 곳에 함께 가야 할 사람 그대뿐입니다."

필자의 애창곡 중에 하나인 노사연의 '바램'이란 노래의 일부분
이다. 노랫말도 좋고 따라 부르기도 편해서 혼자 있을 땐 가끔 입
가에 담아보는 구절이다. 노랫말처럼 은퇴시공을 늙어가는 것으로
꾸미지 말고, 익어 가는 것으로 기초를 다졌으면 한다. 속절없이
나이를 들어가지 말고 능동적으로 나이를 먹어갔으면 한다.

나이는 드는 게 아니라 먹는 것이다.
자신 있게 나이를 먹어가자.

# 믿는 도끼에 발등 찍힌다

　20대에 당신은 출세를 위해 앞만 보고 달려야 했다. 직장에서 많은 시간을 보내야 했고, 그것도 모자라 개인생활을 희생해가면서까지 초과근무를 마다하지 않았다. 경쟁에서 이기기 위해 남보다 더 빨라야 했고 더 민첩해야 했다. 30대가 되어서는 자신의 분야에서 기반을 잡게 되었고 그동안 열심히 노력한 것에 대한 보상도 받기 시작했다. 승진과 더 나은 보수, 높아진 사회적 지위, 늘어난 레저시간에 즐길 취미생활까지 삶에 전반적으로 여유가 생기게 되었다.

　하지만 40번째 생일이 가까워지면서 당신은 치열한 전투를 끝낸 뒤에 몰려오는 피로감과 성공 후에 느끼는 허탈감 등을 경험한다. 남은 인생을 계속 이런 식으로 살아갈 수도, 이렇게 살아서는 안 된다는 사실을 깨닫기 시작한 것이다.

- 밥 머포드, 『40 또 다른 출발』 중에서

　변곡점에 닿으면 꼭지점에서 또 다른 변곡점을 향해 치고 나가는 건 무척 어려운 일이다. 자연의 섭리는 변곡점에 다다르면 하향의 길을 가리킨다. 따라서 은퇴시공을 하려면 먼저 변곡점을 미리 밟아보고 그것을 느껴봐야 한다.

갈수록 캥거루족 연령층이 높아지고 있다. 부모와 동거하는 30~40대 자녀가 2000년 25만 3244명에서 2010년 48만 4663명으로 늘었다(서울시 가족구조 통계). 10년 만에 '중년 캥거루족'이 91.4%나 증가했다는 얘기다. 부모들에게 같이 사는 이유를 물었더니 '자녀가 경제적 이유 등으로 독립이 불가능해서'라는 대답이 가장 많았다.

일본은 총무성 추계에 다르면 30~40대 중년 캥거루족이 295만 명에 이른다. 인구의 16% 수준이다. 미국도 2011년 25~34세 남성 가운데 부모와 동거하는 비율은 19%로, 2005년보다 5%포인트나 높아졌다는 게 인구통계국 발표다. 성인 남성 5명중 1명은 캥거루족이란 의미다. 2019년 이탈리아 베네치아에 사는 노부부는 마흔이 넘도록 집을 떠나지 않는 아들을 내쫓기 위해 법원에 도움을 요청하기도 했다.

- '한국경제신문'에서

우리나라 베이비부머 자산의 83%는 부동산이며, 부동산의 60%가 아파트로 나타난다. 기초자치 단체 중 아파트 비중이 가장 높은 도시는 충남 계룡시로 무려 89.8%나 된다.(2010년 통계국 주택 총

조사 중) 그야말로 아파트 공화국이다. 오랜만에 한국을 찾는 외국인들은 우리의 눈부신 발전에 놀라고 엄청난 아파트 숲을 보고 또 한 번 놀란다고 한다.

아파트는 우리나라가 고도성장 시대를 거치면서 국민들의 주거복지 수준을 양적, 질적으로 향상시킨 일등공신이었다. 아울러 부의 축적과 중산층 형성에 많은 기여를 했다. 또한 건설회사의 성장과 도약에 크게 이바지했다. 아파트는 지금도 주거공간만이 아니라 부의 상징으로 국민들의 많은 관심을 받고 있다.

그러다 보니 현재 베이비부머의 대부분은 아파트 한 채를 노후대책으로 여기고 있는 경우가 대부분이다. 하지만 세상에 영원한 것은 없다는 것을 확인이라도 시켜주려는 듯 아파트의 가치는 하락하고 있다. 아파트가 노후를 보장하는 시대는 끝났다. 그나마 다행인 것은 주택연금(역모기지, Reverse Mortgage) 제도라는 기댈 언덕이 있다는 것이다.


어떤 여행객이 아름답기로 소문난 영국의 한 해변을 찾았다. 휴가철을 넘긴 후라 한적하고 아름다운 바다 풍경을 즐길 수 있으리라 기대했다. 그러나 여행객의 눈앞에 펼쳐진 광경은 완전 딴판이었다. 수많은 갈매기들이 모래사장 위에 죽어 있었다. 여행객은 죽은 갈매기들을 치우고 있는 사람에게 갈매기들이 죽은 원인을 물었다. 갈매기를 치우던 사람이 대답했다.

"여행객들이 던져준 과자와 먹이들 때문이지요. 갈매기들은 그 달콤한 먹이들을 받아먹다가 그만 자연 먹이에 대한 식욕을 잃어버리게 됐고 여행객들의 발길이 끊긴 후에도 여행객들의 달콤한 먹이만 기다리다가 굶어죽은 것입니다."

필자가 강의할 때 자주 인용하는 '갈매기 증후군'이란 이야기다. 그동안 우리는 고도의 경제성장 속에서 아파트 가격이 급상승하면서 부를 축적하는데 중요한 수단으로 사용되었다. 하지만 지금은 경제성장이 둔화되면서 아파트가 부를 축적해 주는 시대에서 벗어나고 있다. 여행객이 던져준 과자와 먹이만 받아먹다가 여행객의 발길이 끊어지면서 생존의 위협을 받은 갈매기처럼 예전의 호황을 이루던 아파트 시세에 안주하다가는 생존의 위협을 받을 수밖에 없다.

아파트가 서민의 주거난을 해소하고, 한때 부를 축적하는데 좋은 수단이었음에는 틀림없다. 하지만 시대가 바뀌었다. 지금 시간에도 아파트는 건설되고 분양이 진행 중이다. 당신이 찰떡같이 믿었던 아파트는 더 이상 당신의 노후를 책임질 수 없다.

아직도 당신은 노후대책을 아파트로 믿고 있는가?
당신의 아파트를 믿지 말라!
믿는 도끼에 발등 찍힌다.

# '잘' 보다 '제대로'

함바는 건설현장 식당의 일본식 용어다. 건설 중에 토목현장은 주로 산간이나 오지에 있기에 함바는 약방의 감초 같은 존재로 건설 노가다들의 숱한 애환이 서린 곳이다. 함바일은 새벽 4시경에 아침 식사준비를 하고, 거친 남자들을 상대해야 해서 여자들에게는 정말 어렵고 힘든 일이다.

30년 전에 하수처리장 현장에서 함바를 운영했던 30대 중반의 주인 아주머니가 있었다. 선을 봐서 꽤 잘 생기고 나이도 두 살이나 어린 남자와 쉽게 결혼했다. 현장 직원에게 똑소리 나게 잘해주던 좋은 사람이었다.

하지만 그녀에게는 결정적인 흠이 있었다. 두 살 연하인 그녀의 남편은 그녀가 새벽잠 설치며 힘들게 번 함바 식대를 경마장 도박과 노름으로 한순간에 날리곤 했다. 아등바등 모아 놓고는 한 방에 혹 날리곤 했다. 딸 하나가 있었는데, 그 버릇 때문에 죽어라 고생하면서 늘 빈곤한 생활에 빠져 있었다. 결국 부부는 몇 년 후에 헤어졌고, 아주머니는 미국으로 이민을 갔다는 소식을 들었다.

언젠가 논현동의 한 건물 곁을 지나가는데 후줄근해 보이는 사람들이 쏟아져 나왔다. 20~70대가 섞여 있었으며 대다수가 담배를 물고 도로 주변에 서 있었다. 스크린 경마에서 한탕을 노리는 사람들이었다.

상계동에는 로또 1등 당첨자가 8년 사이에 14번이나 나온 편의점이 있다. 그 후로 주말에 200m가 넘는 긴 줄이 생기면서 교통체증을 일으켜서 해외에까지 알려진 곳이 있다. 지금은 일본, 중국은 물론 알래스카에서도 항공 택배로 로또 복권의 주문이 이어진다고 한다.

우리 주변에는 대포 한 방으로 인생역전을 노리다가 망가진 사람 참 많다. 먼저 가까운 곳에서 총알을 쏴보면서 접근해야 하는데, 처음부터 대포 한 방을 날리겠다며 무리하게 시작하는 이들이 바로 그들이다. 건설업 근무 경험을 내세워 거창하게 주택 신축과 분양업을 하다가 자신은 물론 동생에게까지 빚을 지게 하면서 원수지간이 된 사람이 있다. 어디 그뿐인가? 건설업 호황 때 일확천금을 꿈꾸며 무리하게 확장한 사람은 지금 최악의 불황을 맞아 채무 때문에 마음대로 폐업도 못한다며 한탄을 하고 있다.

은퇴시공에서 가장 중요한 것은 한방에 성공하겠다는 욕심이 아니라 조금씩 모아 큰 산을 쌓아가는 노력이다. 노력하는 과정 자체를 중요하게 여겨야 한다.

무모하게 한 방만 노리는 결과는 노후의 나락을 예약할 뿐이다. "산이 끝나고 물이 마르면 더 갈 곳이 없다."


일본 도쿄에서 서쪽으로 300㎞ 남짓 떨어진 기후(岐阜)현에 사는 스즈키(61) 씨. 그는 매일 아침 8시 출근길에 나선다. 자동차 부품 공장에서 올해로 30년째 용접 기술자로 일하고 있다. 함께 일하는 직원들이 그를 '맏형'이라 부른다. 젊은 용접공이나 파트 타이머들은 작업에 문제가 생기면 언제나 그를 찾는다.

스즈키 씨는 연신 이마에 흐르는 땀을 닦으면서도 "반평생 입어온 이 하늘색 작업복이 여전히 가장 편하고 좋다"고 했다. 2년 전 그는 정년(60세)을 앞두고 선택 기로에 섰다. 종전의 80% 수준 임금만 받고 시니어 사원으로 재입사할지, 퇴직할지를 묻는 회사에 그는 이렇게 말했다.

"돈은 괜찮습니다. 다만 이 일을 더 이상 하지 못한다면 많이 허전하고 서운할 것 같아요."

이 공장 전체 사원 106명 가운데 15명은 스즈키 씨처럼 정년 이후 일을 택한 사람이다. 회사 측은 "시니어 사원들은 오랜 기간 일하면서 기술을 습득한 데다 리더십까지 갖추고 있어서 비용 절감과 생산성 향상에 큰 기여를 하는 만큼 나이가 들었다는 이유만으로 이들을 떠나보내고 싶진 않다"고 했다.

조선일보 안준용 기자의 '일본의 아침 7시, 노인들은 출근을 준비한다!'라는 글의 일부다. 우리보다 먼저 고령화 사회에 들어선 일본 노인들의 모습을 잘 그려주고 있다. 아울러 우리 사회에서 은퇴자들이 앞으로 어떤 선택을 해야 하는지 그 방향을 제시해주고 있다.

당신도 혹시 한 방이라는 환상에 빠져 있다면 하루빨리 벗어나야 한다. 작은 총을 여러 번 쏘는 것이 은퇴 리스크를 줄이는 길이다. 특히 퇴직이 임박한 사람이나 막 퇴직한 사람이라면 대포알 챙길 시간에 차분히 총알을 챙기는 것이 훨씬 현명한 선택이라는 것을 알아야 한다.

한 번밖에 살 수 없는 인생! 이 소중한 인생에서 공공의 적은 한탕주의다. 특히 은퇴시공에서 한탕주의는 최고의 적이다. 혹시라도 지금 한탕주의를 꿈꾸고 있다면 당장 당신의 인생에서 삭제해야 한다.
은퇴시공은 한탕으로 〈잘〉 하겠다는 욕심이 아니라 꾸준히 차근차근 〈제대로〉 해 나가는 꾸준함을 유지해야 한다.

잘보다 제대로!
당신의 노후가 결정된다.

# 왜 '버즈 두바이' 꼭대기는 휘어질까?

이자로 생활하는 은퇴자의 한숨이 곳곳에서 들려온다. 이자로 노후를 보내는 건 아득한 먼 옛날 얘기다. 통장 바닥이 보이는데 이자는 계속 줄어드는 저금리가 베이비부머들을 더욱 슬프게 한다.

경기가 얼어붙으면 중산층 은퇴자에겐 쓰나미가 밀려올 것이다. 부동산이 자산구조에 80%에 달한 은퇴자에게 부동산 경기 침체는 치명타다. 그래도 혹시 했던 부동산마저 폭락한다면 주변 동료나 선배들의 소주 한 잔에 한탄과 회한이 가득 찰 게 뻔하다.

지금 우리는 저성장, 저소득 시대를 살고 있다. 달라진 환경에 빨리 적응하고, 고정 소득이 나오는 일을 찾거나, 검소하고 소탈하게 살아가는 인생 전략을 짜야 할 때다.

따라서 은퇴시공은 자산보다 생활 습관으로 다져야 한다. 몇 억 원이 없어도 '검소한 생활이 습관화' 되어 있으면 은퇴 후 생활은 그다지 문제가 되지 않을 것이다.

기록과 최고에 대한 인간의 욕망은 끝이 없다. 그 욕망의 일환으로 탄생한 것이 사막지대에 세워진 거대한 타워 버즈 두바이다. 세계 최고층으로 높이 828m에 163층, 면적 50만㎡로 강남 코엑스몰의 4배, 잠실운동장의 56배가 될 정도로 엄청난 규모를 자랑한다. 아랍에미레이트가 아무리 석유부국이라지만 사막지대에 세계 최고층 건축물을 세우겠다는 발상을 하고 실천이 이뤄졌다는 것이 그저 놀라울 따름이다. 버즈 두바이는 금융위기를 겪으면서 재정적으로 도움을 받은 대통령의 이름을 따서 '부르즈 할리파(Burj Khalifa)'로 불리기도 한다.

바람 부는 날 높은 산에 올라가면 바람의 세기가 산 아래보다 훨씬 강하다는 것을 확인했을 것이다. 건축물은 위층으로 올라갈수록 바람이 세기가 강해서 많이 흔들린다. 버즈 두바이는 초속 40~50m 바람이 불면 115cm까지 흔들린다고 한다. 당연히 시공은 이런 것을 다 계산해서 이뤄졌다. 바람이 불 때 적절히 휘어지지 않게 설계와 시공을 했다면 건물은 부러질 수밖에 없었다.

버즈 두바이가 그 높이에 바람이 아무리 세게 불어도 끄덕없이 자리를 지킬 수 있는 것은 건축시공을 할 때 유연성을 가미한 덕분이다.

배관공사에서 관이 꺾이는 부분에는 별도로 곡관을 사용하거나, 절단해서 용접을 한다면 그만큼 비용과 시간이 더 든다. 그래서 배관공사에서는 주로 프렉시블(Flexible)관을 사용한다. 프렉시블관은 외관이 주름져 있어서 필요한 각도에 따라 유연하게 구부려서 사용할 수 있어 훨씬 경제적이다.

상사 중에 호주로 이민을 가신 분이 계시다. 80년대 중반 우리나라에서 몇 안 되는 최고의 기술자였다. 유창한 영어 실력, 토목 전문 분야에서 막힘없는 기술력을 갖춘 데다 바둑, 사진 촬영 등 다양한 취미 물론 부하들을 끔찍이 아껴주시는 리더십까지 갖추신 자상한 분이었다.

그 분의 인생 사전에는 아부라는 말이 없었다. 발주처는 물론이고, 본사 임원들에게도 강성(强性)이라는 것이 흠이라면 흠이었다. 결국 그 강한 성품 때문에 상급자와 문제를 일으켜 사직을 했는데, 회사로서는 참으로 아까운 인재를 놓쳤다는 아쉬움이 남아 있다.

은퇴시공에서 중요하게 여겨야 할 것이 바로 유연성이다. 계속되는 저금리에는 은퇴자산을 은행에만 맡길 수 없다. 부동산 침체가 장기화되는 상황에서 집을 꼭 소유하고 있어야 하는지 유연하게 생각해봐야 한다.

봄이면 돋아나고, 여름이면 생장하고, 가을이면 결실을 맺고, 겨울이면 사라져 가는 것이 천지자연의 이치다. 여기에서 벗어나는 것은 자연스럽지 못한 것이다. 사람도 마찬가지다. 태어나고, 성장하고, 노쇠하고, 사라져 가는 것이다. 이것이 우리네 삶의 과정이다. 그러므로 삶의 과정에서 벗어나려고 지나치게 아등바등할 필요는 없다. 그저 그 과정을 편안한 마음으로 받아들여야 한다.

인생의 늘그막이라고 아름다움이 없는 것이 아니다. 아침에 뜨는 태양에 찬란한 아름다움이 있듯이, 저녁에 지는 해에도 장엄한 아름다움이 있다. 젊은 시절의 아름다움은 대부분의 사람들이 다 누릴 수 있지만, 늘그막의 아름다움은 차근차근 준비한 사람만이 누릴 수 있다. 우리 모두는 아름다운 늘그막을 위해 신체적 건강과 경제적 여유로움뿐 아니라 정신적인 풍요로움도 준비해야 한다.

- 한국경제신문에서 발췌


축구나 야구 등에서 국제대회 경기가 있을 때마다 언론에서 '경우의 수'라는 것을 많이 다룬다. 방송을 중계하는 아나운서나 해설자가 '경우의 수'를 들먹이면 그만큼 상황이 복잡해졌다는 뜻이다. 자력으로 16강, 8강 진출이 어려울 때 상대팀의 전적, 골득실 등 여러 가지를 따지는 것이 '경우의 수'이기 때문이다.


자산 80% 정도가 부동산인 베이비부머들에게 부동산 폭락은 그야말로 대재앙이다. 정부 부동산 대책에도 불구하고 현재 시세에서 15% 이상 추가 하락하는 경우가 있다. 집값 대비 전세값이 80%를 넘어갈 경우 대출을 낀 아파트는 대다수가 깡통으로 전락하여 집단경매 사태에 처할 '경우의 수'가 있다. 국제적으로 미국이 출구전략을 구사할 경우 여러 대형 건설사 붕괴, 시도 지자체의 디폴트 선언 등 상상하기도 싫은 여러 가지 '경우의 수'가 펼쳐진다.

아파트 생활에 지친 도시 근로자인 베이비부머는 여유로운 전원주택의 생활을 꿈꾼다. 전원주택도 수많은 '경우의 수'가 있다. 부지의 위치, 방향, 기울기, 조망권, 교통, 주변 혐오시설, 기후, 행정구역, 선호도 등 '경우의 수'가 부지기수다. 주택의 종류와 크기도 '경우의 수'에 포함된다. 철근콘크리트 주택, 스틸하우스, 목조주택, 흙집, 통나무 주택, 조립식 주택, ALC 주택, 한옥, 조립식 한옥, 땅콩주택 등도 다 '경우의 수'로 작용한다.

은퇴시공도 상황별로 많은 '경우의 수'가 있다. 은퇴설계 전문가들이 "연금의 3층 구조를 만들라!"고 하지만 1층(국민연금)도 구축 못한 딱한 자영업자들이 수두룩하다. 배우자와 자식의 유무, 자산의 규모, 같이 할 친구는 있는지, 건강상태는 어떤지 등도 다 '경우의 수'에 포함된다.

세상에 100% 완벽한 사람은 없다. 결국은 '경우의 수'를 얼마나 잘 헤아려 최적의 선택을 하느냐가 은퇴시공의 성공 여부를 결정 짓는 것이다.

버즈 두바이는 여러 가지 '경우의 수'를 고려해서 유연성 있게 지어졌기에 강한 바람에도 버틸 수 있는 것이다. 당신의 은퇴시공도 아무리 강한 바람이 불어와도 끄덕없이 지으려면 '경우의 수'를 고려해서 유연성 있게 설계하고 시공해야 한다.

어떤 순간에도 잊지 마라.

'경우의 수'와 유연성이 버즈 두바이를 지탱하는 가장 든든한 기초라는 것을!

# 설계 변경도 할 줄 알아야 한다

우리나라 공공(公共)공사 입찰제도는 방식에 따라 크게 3가지로 분류한다. '최저가 낙찰제', '기술심사 입찰', 설계-시공 일괄입찰 방식인 'Turn Key(이하 T.K)입찰 방식'이다.

'최저가 낙찰제'는 말 그대로 가장 낮은 금액을 제시한 업체를 심사하여 낙찰자를 결정한다. 예산을 다루는 기획재정부에서 가장 선호하는 방식이다.

'기술심사입찰'은 선진국에서 선호하는 것으로 기술심사 후에 예정 가격에 근접한 업체를 낙찰 시키는 방식이다.

'T.K입찰 방식'은 'Turn Key'라는 말 그대로 입찰시 업체가 설계와 공사비를 제시해서 열쇠를 넘기면 그것을 심사해서 가장 점수가 높은 업체에 낙찰 시키는 방식이다. T.K 입찰은 설계를 더 잘해보자는, 즉 기술력을 향상시켜보자는 데 목적이 있다. 최근에 건설되는 미려한 교량과 휘황찬란한 공공청사 등은 T.K입찰 방식으로 낙찰 받기 위해 경쟁적으로 나온 건설업체들의 작품들이다. T.K입찰 방식의 문제는 낙찰이 되면 다행이지만 떨어지면 건설사가 수십 억 원의 설계비를 날릴 위험이 있다는 것이다. 그리고 더 큰 문제는 시공자가 설계와 시공을 하기에 공사 중 예외 조항(발주처 요구 등)을 제외하고는 '절대로 설계변경이 안 된다는 것'이다.

건설현장은 변화무쌍한 곳이다. 따라서 지질, 지형, 지장물 조사, 그리고 민원사항을 사전에 철저히 확인해야 한다. 그렇지 않으면 회사는 수십억 원에서 수백억 원에 달하는 손실을 고스란히 떠안게 된다. 공사 중 돌발 민원 등으로 인한 공사 중단은 공기뿐 만아니라 금전적 손실을 초래할 수 있다. 최악의 경우는 회사가 파산할 수도 있다.

은퇴시공은 T.K입찰 방식이다. 사전에 자신의 자산구조, 소득 여부, 각종 연금과 보험 현황을 꼼꼼히 챙겨야 한다. 자녀 교육이나 결혼 비용뿐만 아니라 뜻하지 않는 사고나 갑작스런 건강악화나 사망 등을 철저히 대비해야 한다. T.K 입찰 방식이 Key를 돌리기까지 전적으로 시공사 책임이듯이 당신의 '은퇴시공'은 처음부터 끝까지 당신의 책임임을 명심해야 한다.

1단계인 치은염(가벼운 잇몸 염증)으로 치과를 찾으면 1회 스케일링만으로도 치료가 끝난다. 그러나 양치할 때 피가 나기 시작하면(가벼운 치주염, 2단계) 치료비가 51만원으로 뛴다. 치과에도 8번은 방문해야 한다. 잇몸에서 피가 나는 3단계(중증 치주염)라면

치료비가 120만원으로 올라간다. 치료기간도 2개월은 걸린다. 치아가 흔들리고 고름이 나는 4단계라면 어떨까. 대개는 발치한 뒤 개당 200만~350만 원의 임플란트를 심어야 한다. 치조골이 녹아 없어진 5단계에선 뼈 이식 후 임플란트를 하거나 치아 없이 평생을 살아야 한다. 뼈 이식과 임플란트(최소 윗니 8개, 아랫니 6개)를 하는데 드는 비용은 약 4200만원. 기간도 7~12개월이 소요된다.

지오치과 명우천 원장은 "치아 손상 5단계까지 진행하면 고급 중형차 한대 값이 날아간다"며 "가벼운 치은염에서 심한 치주염으로 발전하는데 10년이 걸리므로 잇몸 손상을 방치하면 하루 1만 1500원씩 까먹는 셈"이라고 말했다.

- 중앙일보 칼럼 중에서


위의 글은 은퇴를 왜 젊어서부터 제대로 배우고 제대로 실행해야 하는가를 보여준다. 살아가면서 틈새와 기회는 수없이 만나게 된다.

설계 변경이 안 되는 T.K입찰 공사 현장에서도 틈새를 찾아 설계 변경을 잘 해서 이윤을 남기는 현장 소장이나 책임자들이 더러 있다. 마찬가지로 50대~60대가 되었는데도 은퇴설계나 시공이 부실하다면 원인을 찾아보고 그들처럼 지금이라도 설계변경을 해서 이윤을 남길 수 있어야 한다.

가장 늦었다고 생각했을 때가 가장 빠르다.

은퇴시공이 T.K입찰 방식이긴 하지만 틈새를 잘 찾으면 얼마든지 설계변경을 해서 최상의 이익을 추구하는 인생을 설계할 수 있다는 것을 알아야 한다.

# '~더라면' 을 끓일 시간이 어디 있겠는가?

    늦은 퇴근으로 부슬비가 소리 없이 내리는 강변북로를 달리는 승용차에서 라디오를 틀었다. '최백호의 낭만시대'에서 한 청취자가 공개 질문을 했다.

    "세상에서 가장 맛없는 라면은 무엇인가요?"

    순간적으로 '쉰 라면'을 떠올렸다. 하지만 라디오에서는 전혀 다른 답이 흘러나왔다.

    "그것은 바로 '더라면'입니다."

    무심코 들으며 '더러운 라면'일 거라고 생각했다. 그런데 이내 '~더라면'으로 쓰이는 접속사라는 것을 알고 "아하!"하며 미소를 지었던 기억이 생생하다.

    '당신만 만나지 않았더라면 내 인생이 이렇게 꼬이지 않았을 텐데…'

    '그때 내가 그 결심만 하지 않았더라면 이렇게 뼈저린 후회는 하지 않았을 텐데…'

    이런 생각을 하다 보니 세상에서 '~더라면'보다 더 맛없는 라면이 어디 있겠나 싶었다.

미국 샌프란시스코공항 활주로 착륙사고로 안타깝게 목숨을 잃은 중국의 절친인 두 소녀의 짧은 삶이 인터넷에 회자되면서 14억 중국인의 심금을 울린 적이 있다. 그때 착륙유도장치가 제대로 '작동했더라면', 조종석의 경보가 조금만 더 '빨랐더라면', 조종사가 조금만 빨리 재상승을 '시도했더라면' 하는 생각에 아쉬움이 많이 남은 사건이었다.

세상에 '~더라면'만큼 맛없는 라면이 또 어디 있겠는가? 이미 지나간 과거에 대한 후회와 아쉬움을 담고 있는 '~더라면', 누구라도 맛보고 싶지 않은 라면일 것이다.

은퇴시공을 할 때는 가급적 '~더라면'을 맛보지 않도록 해야 한다. 나이를 먹어 갈수록 '~더라면'은 늘어나겠지만, 가급적 의도적으로 멀리 해야 할 것이 바로 '~더라면'이다.
사소한 작은 행복, 평범한 일상, 작은 것의 아름다움 등 주변에 더 맛있는 메뉴에 눈길을 돌려야 한다. 편견, 이기심, 탐욕, 착각, 그리고 불신감 같은 '~더라면'의 재료들을 버리고, 지금 바로 은퇴시공을 살찌어주는 새로운 재료를 구해나가야 한다.

위대한 박애주의자 앨버트 슈바이처는 의사로서 뛰어난 경력을 쌓았다. 그가 70대에 접어들었을 때 최초로 원자 폭탄 투하사건이 발생했다. 그는 그 일로 평화에 대한 열정을 불사르기 시작했고, 1952년에 노벨 평화상을 수상하였다. 84세까지도 유럽을 순방하며 강연을 하는 한편 아프리카 가봉에 있는 환자들을 극진히 보살폈다. 87세에는 자기 병원 근처의 도로를 반 마일이나 건설하는 일을 지원했다. 또 교각을 설계하고 건축하는 일에도 관여했다.

나이를 핑계로 현실을 탓하지 않은 위인들은 참으로 많다. 건축가 프랭크 로이드 라이트는 69세에 가장 왕성한 활동을 했다. 미켈란젤로가 로마의 성 베드로 성당의 수석 건축가로 지명되었을 당시의 나이는 71세였다. 토마스 에디슨은 80대의 나이에도 발명을 멈추지 않았다. 간디는 60세에 영국 정부의 부당한 소금세 부과에 대항하여 200마일 행진을 주도했다.

이와 같은 사례들이 던져주는 메시지는 하나다. 나이는 기질만큼 중요한 요인이 아니라는 점이다. 모든 일은 다 마음먹기에 달렸다.

더글라스 맥아더 장군은 "젊음은 특정한 한때가 아니다. 의지와 질적인 상상력, 비겁함을 모르는 용기, 편안함을 거부하는 모험심이 이루어내는 정신 상태다"라고 했다.

만일 여러분 앞에 제2의 성인기가 남아 있다고 생각하면 지금 여러분은 인생의 절정기에 있다. 반면 시간이 얼마 남지 않았다고 생각하면 여러분은 인생의 내리막길에 있다. 60세의 나이로 스털링 생필품 회사의 회장이 되어 "나는 젊어지고 싶다. 바지를 가슴까지 끌어올려 입고 플로리다에 앉아 여생을 보내고 싶지 않다"고 말한 메리 그린버그처럼 된다면 더 바랄 게 없다. 모든 것은 여러분이 어떻게 생각하는가에 달려 있다.

- 밥 버포드의 『하프타임 2』에서 발췌


인생은 길고 할 일은 많다. 당신이 한 평생 살아가면서 해야 할 일, 하고 싶은 일 등은 나이와 상관없이 도처에 널려 있다. '~더라면'에 매여 있으면 결코 찾을 수 없는 일들이다. 지금이라도 당장 세상에서 가장 맛없는 '~더라면'을 과감히 내다 버리고, 도처에 널려 있는 새로운 일에 눈을 돌리자. 나이와 상관없이 할 수 있는 일들은 지금도 당신이 찾는 만큼 당신 곁에 널려 있다.


은퇴기에 가까운 사람들이 공통적으로 하는 넋두리가 있다. "어느새 세월이 흘러 벌써 이 나이가 됐는지 모르겠다."고 하는 것이다. 엊그제 청춘이더니 오는 백발을 어찌하지 못하겠다는 회한이 짙게 배어 있다. 어느 철학자의 말처럼, 가을이 온다는 사실보다 단풍을 먼저 보게 되듯이, 깨닫지도 못하는 사이에 늙어진 스스로를 발견하면서 놀라는 것이다.

- 한국경제신문 천자 칼럼에서

사람은 나이가 들수록 세월의 빠름을 더 느낀다고 한다. 1년이 20대는 1/20, 40대는 1/40, 60대는 1/60로 느껴진다는 것이다. 나이를 먹으면 저절로 세월의 빠름을 느낀다는데, 우리는 지금 어떤가?

우리 국민은 대체로 느린 것을 못 참는다. 지하철이나 백화점 에스컬레이터에서도 그냥 서 있지 못한다. 신호 대기 중 교차로에서 신호가 바뀌었는데 몇 초만이라도 서 있으면 뒤차가 바로 빵빵 거린다. 등산을 할 때도 많은 사람이 전쟁이 나서 피난이나 가는 사람처럼 급하게 산을 오른다. 밥 먹는 속도가 다소 느린 필자는 회사 구내식당에서 동료들 식사 속도를 못 따라가서 아예 밥그릇을 적은 것으로 선택하곤 했다.

이런 우리의 국민성이 산업시대에 우리나라 경제를 급성장 시킨 것은 큰 장점이다. 덕분에 우리는 유례없는 압축 성장을 해서 전 세계의 경의를 받고 있다. 세계 최강의 스마트폰과 조선, 그리고 약진하는 자동차 산업은 조만간 세계를 제패할 기세이다. 하지만 양이 있으면 음이 있듯이 우리나라는 초고령사회에 도달하는 것도 세계에서 최단 시간에 달성했다.

김정운 〈여러가지문제연구소〉 소장은 "행복해 지려면 느리게 걷고 천천히 말하며 기분 좋은 생각을 많이 해야 한다"고 주장한다. 프랑스 철학자 피에르 쌍소는 "현대사회는 '느림'이라는 처방이 필요한 환자다"라고 했다.

　은퇴시공에도 '느림의 미학'을 접목시킬 필요가 있다. 어차피 늙고, 늙으면 시간도 더 빨리 가는 것으로 느끼게 되는데, 무엇 때문에 그리 빨리 재촉하며 늙지 못해 안달인가.


　군에서 영관급 장교로 제대하여 연금생활을 하니까 경제적 문제는 해결이 된 85세의 지인이 있다. 지금도 하루 2시간 테니스로 꾸준히 건강을 관리한다. 2년 동안 배운 컴퓨터 실력은 엑셀, 파워포인트, 포토샵 등을 자유자재로 다룬다. 주위에선 컴퓨터 강사를 해도 별 무리가 없을 정도라고 입을 모은다. 그의 아내는 고령인데도 도시락 배달 무료봉사를 하며 동아리 모임에 꾸준히 참석하고 있다.

　두 분은 새로운 것을 배우며 현실에 충실하느라 '~더라면'을 끓일 시간조차 없다. 얼마나 아름다운 노후인가? 이 분들의 삶이야말로 늙음을 재촉하지 않고 활기찬 노년을 사는 진정한 '엑티브 에이징(Active Aging)'의 모습이 아닐까 한다.

　우리도 이분들처럼 살려면 먼저 삶의 게이지를 바꿔가야 한다.


　이제라도 늙음을 재촉하지 말고 천천히 더 배우고, 노동하고, 봉사하고, 베풀면서 사는 아름다운 삶의 은퇴시공을 해보자.

　그러면 어디 '~더라면'을 끓일 시간이나 있겠는가?

　인생은 길고 할 일은 참으로 많다.

# 3 장

은퇴 시공에 색7을 하라

# 당신의 스타일에 격을 입혀라

1초가 아쉬운 시간은 빨리 가지만, 10분도 아깝지 않은 시간은 더디 간다. 꼭 마무리지어야 할 일이 있어 1초라도 더 써야할 때는 시간이 빨리 가는 것처럼 느껴지지만, 무엇인가 기다리는 것이 있어 10분이라도 빨리 갔으면 할 때는 시간이 더 느리게 가는 것처럼 느껴질 때가 많다.

군대를 다녀온 사람은 제대를 앞둔 말년 병장의 시간을 기억할 것이다. 하루하루가 얼마나 긴 시간인지, 제대 날짜를 기다리는 시간은 정말 길고 지루하게 느껴진다. 스포츠 팬이라면 이기고 있을 때와 지고 있을 때의 시간을 기억할 것이다. 이기고 있을 때는 빨리 끝나기를 기다리기 때문에 1초가 10분처럼 길게 느껴지지만, 지고 있을 때는 어떻게든지 역전을 시킬 시간이 필요하기에 10분이 1초처럼 짧게 느껴지곤 한다. 인생역전을 하기 위해 1초가 아쉬운 노후에는 10분이 1초처럼 빨리 가는 것으로 느껴지지만, 하릴없이 시간을 축내고 있다면 하루가 길게 느껴진다.

은퇴시공에서 노후의 시간을 알차게 꾸리려면 머릿속에서 '은퇴'라는 말을 아예 삭제해야 한다. 당신을 인생의 주행선 밖으로 내모는 건 일이 아니고 은퇴라는 생각이다. 은퇴라는 생각에 매이면 뭔가 옆으로 밀려난 느낌이 들면서 시간도 그만큼 허망하게 느껴진다. 하지만 은퇴라는 말을 기억에서 삭제하면 또 다른 일을 시작하는 능동적인 사람이 되어 주행선 한가운데서 당당히 운전대를 잡는 모습을 떠올릴 수 있다.

주행선 한가운데로 달리고 싶다면 '두뇌'를 챙겨라. 당신의 인생을 좌우하는 전두엽 등 뇌에 대해 많이 연구하고 부지런히 뇌를 써야 한다. 평생 공부나 교육은 당신의 뇌에 늘 영양을 공급한다. 특히 흥미 있는 분야의 공부는 평생토록 뇌기능을 보전하는 유일한 처방약이 된다고 전문가들은 말한다. 인간이 뇌를 사용하면 할수록 은퇴할 필요가 없고 덤으로 알츠하이머, 심장병과 같은 성인병을 예방할 수 있다고 하니 그야말로 일석삼조의 효과를 얻는 것이다.

나이는 시간과 함께 먹는 달력의 나이, 건강 수준을 재는 생물학적 나이, 지위나 서열 같은 사회적 나이, 대화를 해보면 알 수 있는 정신적 나이, 지력(知力)을 재는 지성의 나이로 나뉜다. 그래서 철딱서니 없는 어른이 있고, 애늙은이 소리를 듣는 청소년도 있다. 70대, 80대가 돼서도 끊임없는 지적 호기심을 갖는 어른이 있고, 30대만 접어들어도 배움 자체를 포기해 버리는 서글픈 인생도 있다. 같은 해에 태어났다고 해서 동갑은 아닌 것이다.

- 동아일보 오명철 기자의 '나이 듦' 중에서

은퇴는 인생의 바캉스가 아니다. 끊임없이 자기계발을 위해 배움의 길에 들어서야 하는 귀중한 시기다. 은퇴라는 말을 지워버리고 끝까지 뇌를 풀가동해서 아낌없이 써야 한다.

편안하게 잘 죽는 것 못지않게 중요한 것이 품위 있고 고상하게 늙어 가는 일이다. 직위나 돈이 노년의 품위를 보장해 주지 않는다. 누릴 만큼 누렸으나 노추(老醜)에서 벗어나지 못하는 이가 있는가 하면, 과거에 연연하지 않으면서 무욕(無慾)과 깔끔한 자기 관리로 보기만 해도 절로 고개가 숙여지는 노인이 있다. 세상 모든 이치가 그렇듯, '존경받는 노후'를 위해서는 나름대로의 투자와 훈련이 필요하다.

- 동아일보 발췌

은퇴시공에서 당신이 원더풀 그레이가 되려면 Dress Up, 바로 옷부터 잘 챙겨 입어야 한다. 개성과 최신 유행을 추구하는 멋쟁이 40대를 일컫는 '뉴포티족(New Forty族)'처럼 소위 '노땅(?) 스타일'

을 거부하고 20~30대처럼 과감한 스타일의 콤비 재킷과 슬림한 면 팬츠 등을 입어서라도 외모를 가꿔야 한다.

은퇴시공에서 외모는 강력한 무기이자 경쟁력이다. 잘 생긴 영업사원의 실적이 그렇지 못한 영업사원보다 높다는 미국 조사 자료가 이를 증명한다. 외모는 모든 분야에서 전지전능한 경쟁력으로 작용한다.

그렇다고 성형수술을 해서 깎아 만든 외모를 만들라는 것이 아니다. 요즘은 개성의 시대가 아닌가? 정상급 연예인들을 보면 '어떻게 연예인이 되었을까?' 싶을 정도의 외모를 갖고 있지만, 자기만의 개성있는 스타일을 살려서 경쟁력을 갖춘 이들이 많다.

요즘에는 고리타분한 'Job티'에서 벗어나 트렌드를 이끌어가며 자신만의 독특한 스타일을 구축해가는 멋쟁이들을 엣지족(Edge族)이라 한다. 남의 일로 여기지 말고 당신도 바로 엣지족 대열에 합류해야 한다. 가뜩이나 육체도 늙어가서 힘이 없어 보이는데 옷차림까지 남루하다면 어떻게 경쟁력을 갖추겠는가?

퇴보하는 사람에는 두 종류가 있다. 하나는 나이를 먹으면서 체력이나 지능 같은 개인적인 능력이 감소하는 사람이고, 또 하나는 남들은 발전하는데 제자리에 멈춰 있는 사람이다.

요즘처럼 노동시장이 불안정한 사회에서는 전문성만큼이나 보편

적이고 개성적인 경쟁력을 길러야 한다. 극단적으로 말해 사막에 떨어뜨려도 살아남을 만큼 자신만의 강력한 매력을 갖춰나가야 한다.

신입사원 때 처음 입었던 정장이 어색했던 것을 기억하는가? 이후 차츰 그 옷이 익숙해진 것도 기억하는가? 경쟁에서 살아남기 위해 회사라는 조직에서 필요로 하는 정장을 입고 끊임없이 맞춰갔기에 가능한 일이 아닌가?

은퇴시공에서 옷차림도 마찬가지다. 처음에는 어색할 수 있다. 정장을 입어야 했던 신입사원 때를 떠올리면 못할 것도 없다. 노후의 경쟁력을 갖추기 위해서 시대에 맞는 옷차림을 갖춰입기 위해 최소한의 노력을 기울여야 한다. 처음이 어색하지 자꾸 입다 보면 익숙해 진다.

당장 옷부터 젊게 입어 보자. Dress Up을 하는 것이다. 생각을 바꾸면 건강과 이미지가 달라지고, 당신의 노후의 인생도 달라진다.

은퇴시공의 성공을 위해서 지금 당장 당신의 스타일에 격(格)을 입혀라!

# 아내에게 정성을 기울여라

"우리는 늘 서로에게 말했지요. 다음 생(生)이 있다면 그때도 둘이 함께하자고."

2006년 여든세 살 프랑스 정치철학자 앙드레 고르가 아내 도린에게 긴 편지를 썼다. 그는 아내가 20여 년 전 불치병으로 심한 고통을 겪자 모든 활동을 접고 시골로 내려가 아내를 보살폈다. 부부는 이듬해 함께 목숨을 끊어 쉰여덟 해 결혼을 편지 글 그대로 마감했다.

"세상은 텅 비었고 나는 더 살지 않으려네. 우리는 둘 다, 한 사람이 죽고 나서 혼자 남아 살아가는 일이 없기를 바라네."

1912년 타이태닉호가 침몰할 때 뉴욕 메이시백화점 주인 스트라우스의 아내는 여자들에게 우선 내준 구명정에 오르지 않았다.

"우리 부부는 40년을 함께 살아왔는데 이제 와 떨어져 살 수는 없습니다."

그녀는 구명정이 부족해 타지 못한 남편과 함께 가라앉는 배에

남았다. 그리스신화에서 필레몬과 바우키스 부부는 한날 한시에 죽게 해달라고 제우스에게 빌어 소원을 이룬다. 동양에선 "함께 늙고 죽어 한 무덤에 묻히자"는 사랑의 맹세인 해로동혈(偕老同穴)이 있다.

부부의 이상(理想)은 같은 날 죽는 것이다. 사랑이 깊어 죽음까지 공유할 만큼 완전한 사랑이 있을까. 미국 워싱턴공항공단 찰스 스넬링 회장이 6년 동안 치매를 앓아 온 아내의 손과 발로 살다 함께 떠났다는 소식이 어제 신문에 실렸다. 그는 "아내를 수발하는 것은 60년 동안 받은 뒷바라지의 빚을 갚는 일"이라고 했었다. 자식들에게 보낸 편지엔 "우리는 행복에 대한 희망이 사라진 뒤까지 살지는 않기로 했다"고 썼다.

이상은 조선일보 만물상에서 발췌한 글들이다. 필자가 베이비부머를 대상으로 하는 강의에서 읽어주는 내용이다. 진정한 부부란 무엇인가? 진지하게 생각해 보게 하는 글들이다. 다시 한번 곰곰이 차근차근 곱씹어서 읽어보자.

사랑이 넘치는 부부라면 백년해로, 해로동혈을 꿈꾼다. 하지만 이것은 인간의 힘만으로 되는 것이 아니다.

Life, Knife, Wife, 세 단어의 공통점은 무엇일까? 단어 안에 〈if〉,

즉 '만약'이라는 단어를 품고 있다. 이것을 풀어서 설명하면 인생, 부인, 칼, 세 가지는 〈if〉, 즉 '만약에' 잘못 사용하면 큰 손실을 보게 된다는 뜻으로 해석할 수 있다.

Wife, 즉 아내와 사이가 나빠져서 이혼하게 되면 남자 입장에서는 3가지 재앙을 맛보게 된다. '재산 분할, 연금 분할, 가정 분할'이 그것이다. 이런 재앙을 맛보지 않으려면 50대에 가장 먼저 챙겨야 할 것이 바로 Wife, 즉 배우자다.

1990년대 일본에는 남편이 정년퇴직을 하자마자 이혼을 청구하는, 이른바 남편의 퇴직금을 노린(?) 아내들의 기습 이혼 청구가 늘어났었다.

"노후 생활을 누구와 함께 하겠는가?"

일본의 마이니치(每日)신문이 70세 이상 노인들에게 이런 내용으로 설문 조사를 했더니, 70세 이상의 남성은 아내와 함께 보내겠다고 66%가 답했는데, 남편과 노후를 보내겠다고 답한 70세 이상 여성은 31%에 지나지 않았다고 한다.

결코 남의 나라 이야기가 아니다. 우리나라도 모 기업이 40~50대 중역 부인들에게 "만약 당신이 처녀로 다시 간다면 현재 남편과 결혼하겠는가?"라고 물었더니 75%가 현재 남편과 결혼하지 않겠다고 했고, 이중에 25%는 심지어 설령 천당에 간다 해도 남편과는 같이 안 가겠다고 답했다고 한다. 당신이라고 예외일 수는 없다.

따라서 필자는 전국의 남편들에게 성공 메시지를 전한다. 가정의 CEO라고 할 수 있는 아내에 대한 이야기다. 행복은 한 이불 속에서 나온다. 아내에게 잘 하라. 은퇴시공에서 아내에게 잘 하는 것을 필수항목으로 챙겨라.


어떤 사람이 직장에서 해고를 당했다. 절망하며 집에 돌아가 아내에게 겨우 이야기했다. 이 말에 아내는 반색을 하며 말했다.

"드디어 당신이 문학을 본격적으로 할 수 있게 되었군요. 해고당한 일이 얼마나 좋은 기회가 되었다는 걸 알기나 하세요."

아내는 이렇게 남편을 격려한 뒤 돈을 꺼내 놓았다.

"이럴 줄 알고 당신 봉급에서 따로 마련해둔 돈이에요. 당신이 명작을 쓸 동안 우리 이 돈으로 살아요."

나타니엘 호손의 명작 『주홍글씨』는 이렇게 세상에 나오게 된 것이다.


"아내가 외출하는 것 자체를 싫어하는 남편도 많지만 아내를 구속할수록 부부사이는 나빠진다. 아내가 외출할 땐 '잘 다녀와'하고 흔쾌히 보내주고 집에 돌아오면 '잘 놀다 왔어?'하고 반겨주세요."


김동엽 미래에셋 은퇴교육센터장의 조언에 귀를 기울일 필요가 있다. 아내가 외출할 때 승용차에 태워 데려다 주는 '남편 택시'가 되어 보라는 조언도 있다. 성장기에 그다지 대화를 나눌 기회가 없었던 자녀를 위해 '아빠 택시' 노릇을 하면 가족애를 회복하는데 도움이 된다는 조언도 아끼지 않는다.

"남편이 어떤 말을 할 때 가장 속이 상하는가?"

한 조사 기관이 전국 5대 광역시에서 5백여 명의 주부를 대상으로 설문 조사를 했다. 결과는 다음과 같다. ① 생활 습관에 대해 잔소리할 때, ② 세상 돌아가는 일을 모른다고 구박할 때, ③ 친정에 대한 험담이나 불만을 나타낼 때, ④ 외모나 체형을 비꼴 때, ⑤ 살림 못한다고 핀잔을 줄 때 등. 남편이 아내를 무시하는 우리의 풍토를 그대로 보여주고 있다.

갈수록 이혼하는 부부가 늘고 있다. 황혼이혼이란 말이 심심찮게 들려온다. 부부의 문제 이전에 사람을 존중할 줄 모르는 경박한 풍조 때문일 것이다. 『퇴계집』에는 이런 세태에 꼭 읽어야 할 편지 한 통이 있다. 이황이 어린 제자 이함형(1550~1586)에게 보낸 것이다.

공자께서 말씀하시기를, 천지가 있고 난 뒤에 만물이 있고, 만물이 있고 난 뒤에 부부가 있고, 부부가 있고 난 뒤에 부자가 있고,

부자가 있고 난 뒤에 군신이 있고, 군신이 있고 난 뒤에 예의를 베풀 곳이 있다고 했네. 부부의 도리가 이처럼 중요한 것이니, 마음이 잘 맞지 않는다는 이유로 소홀하고 박절하게 대해서야 되겠는가?

- 한국경제 신문에서 발췌

행복한 은퇴시공은 혼자보다 둘이 낫다. 그것도 오랫동안 같이 살며 사랑을 나눈 부부라면 더할 나위가 없다. 따라서 필자는 이 땅의 남편들이 먼저 바뀌어야 한다고 본다. 가장은 남편이지만 가정을 운영하는 건 아내다. 은퇴시공을 통해 진정한 성공을 원하는 남편이라면 반드시 '아내 살리기, 아내 높이기, 아내 모시기'를 지켜야 한다.

1846년 11월 서부 개척민 여든 명이 캘리포니아 산맥을 넘다 눈보라를 만나 도너 계곡에 갇혔다. 젊은 독신 남자 열다섯 명을 빼곤 여덟 살 여자아이부터 예순다섯 살 할아버지까지 가족들이었다. 이듬해 봄 구조됐을 때 살아남은 독신 청년은 세 명뿐이었다. 가족들은 노약자가 많은 데도 60%가 생존했다. 서로 보살피고 의지한 덕분이었다. 도너 계곡 사건을 분석한 인류학자 도널드 그레이슨 은 "가족은 생존의 보증수표"라고 했다.

1973년 영국 서머랜드 호텔에 불이 나 51명이 죽었다. 심리학자

조녀선 사임이 화재현장을 찍은 BBC 화면을 살펴봤더니 가장 무사한 그룹은 가족끼리 온 사람들이었다. 불이 나자 가족의 67%가 함께 움직였지만 친구들은 75%가 뿔뿔이 흩어졌다. 떨어져 있던 가족도 아수라장에서 서로를 찾아 빠져나왔다. 친구가 친구를 찾아 헤맨 경우는 없었다. 가족은 버림받지 않으리라는 믿음으로 침착할 수 있었다.

- 조선일보에서 발췌

가족의 힘은 위대하다. 당신이 아내를 존중해서 든든한 반려자로 삼아야 할 이유는 이것만으로도 충분하다.

시중에 떠도는 '삼식이 이야기'는 은퇴 후 밖에 나갈 일이 없어 매일 세끼를 집에서 해결하는 남편의 비애를 보여준다. 지금은 하루 종일 세끼 식사뿐 아니라 간식까지 챙겨줘야 한다고 해서 '종간나'라는 말까지 생겼다. 당신이 은퇴 후 '삼식이'와 '종간나'가 되어서야 되겠나?

당신의 눈과 관심을 오직 하나뿐인 아내, 당신의 유일한 후원자 아내에게 돌려라! 아내가 편하면 남편이 편하고, 남편이 편하면 가정이 편하고, 가정이 편하면 나라가 편안하다. 따라서 당신 가족의 성공 지수를 높이기 위해 우선 아내에게 더 많은 정성을 쏟아야 한다.

당신의 아내가 '주식회사 패밀리'의 훌륭한 CEO 임을 잊지 말라. 백년해로, 해로동혈의 대상임을 잊지 마라. 은퇴시공의 성공여부는 당신이 아내에게 하는 행동에 달려 있다고 해도 과언이 아니다.

환상의 복식조를 만들기 위해 '아내 살리기, 아내 높이기, 아내 모시기'에 정성을 기울여라. 행복한 은퇴는 한 이불 속에서 나온다.

지금부터 Wife Up! 잊지 말자.

# 내 나이가 어때서?

　　1기(0~25세) : 부모님 밑에서 공부하고 취직하기까지.

　　2기(25~60세) : 취업하고 결혼하고 퇴직하기까지.

　　3기(60세~?) : 퇴직 이후 죽을 때까지.

　　과거에는 인생을 이렇게 3기로 분류했다. 하지만 지금은 3기는 90세까지, 4기는 90세 이후 죽을 때까지가 추가되었다. 은퇴시공은 인생의 3기와 4기를 위한 필수 공사가 된 지 오래다.

　　진정한 인생은 인생 3기를 어떻게 보내느냐에 달렸다. 기왕이면 인생 3기는 인생 2기의 직업과 관련된 것을 버리고 진정으로 내가 좋아하는 것을 찾아보는 것도 의미가 있다. 중요한 것은 나이 탓을 하지 말아야 한다. 나이는 결코 단점이 아니다. 오히려 지난 온 삶의 열정을 고려하면 최고의 장점일 수가 있다.

　　인생 3기에는 타이어를 바꿔 달아보자. 바꿀 타이어가 없으면 빌려서라도 달아보자.

　　이상만 서울대 명예교수는 인생 2기를 우리나라 최고의 지질학자로 장식했다. 그리고 인생 3기에는 시인과 수필가, 그리고 동양화와 서예가로 왕성하게 활동하고 있다. 그는 중국여행을 위해 80세에 중국어를 배웠다고 한다. 101세가 되면 담담한 심정으로 물러가겠다고 한다.

『꽃보다 할배』라는 TV프로램에서 70~80대 할배들이 눈부신 활약으로 화제를 불러일으킨 적이 있었다. 그들은 아이돌스타를 조연으로 밀어내고 대중매체를 들었다 놨다 하며 인기를 끌었다. 이들의 당당함, 신선한 소재, 그리고 세대 화합의 가능성 등 다양한 인기요인이 있었다. 건강 악화, 역할 상실, 그리고 고립과 소외라는 노인에 대한 개념과 사회 통념을 바꾼 것이다.

학창시절에 공부에 매진하는 것이 당연하고, 그렇게 하지 않으면 불량 학생이라고 여겨 공부에 전념한 이들이 많다. 그런 이들은 사회생활에 나와서도 직장에 노동을 제공하고 그 대가로 내 집도 마련하고 가족을 부양하는 것이 당연한 의무라 여기며 살아왔다. 이들은 주로 학생은 열심히 배우고(교육), 직장인은 기꺼이 일하고(노동), 은퇴 후에 쉬어야(여가) 한다는 것을 사회규범처럼 여겨왔다.

그런데 어쩔 것인가? 이런 규범에 균열이 생기기 시작했다. '학생=공부, 직장인=노동, 노인=여가'라는 등식이 깨지면서 연령통합 시대가 되어가고 있다.

"사회는 연령에 따른 계층으로 구성되어 있다."

사회학자 릴리(Riley), 존슨(Johnson), 포너(Foner)는 사회의 구성을 이렇게 나누고, 연령의 변화를 사회구조가 따라 가지 못하는 것을 〈연령의 구조적 지체〉라고 했다. 그러면서 학생, 직장인, 은퇴 노인 등 연령에 따른 '공부, 노동, 여가'라는 등식을 반대했다. 지금은 전 생애에 걸쳐서 교육, 노동, 여가가 동시에 중요하게 일어난 다는 것이다.

이것이 바로 연령통합적 사회다. 이런 사회를 보여주는 사례는 우리 주변에 정말 많다. KBS 〈강연 100℃〉에 출현한 최대한 씨는 27세의 어린 나이에 떡명장이 됐다. 머리 쓰느라 늙을 새가 없다며 10년간 책 200권, 번역 7권의 저서를 낸 83세의 김욱 씨는 노재(老才)의 시대가 오고 있다며 노익장을 과시하고 있다. 가수 오승근 씨는 62세에 '내 나이가 어때서'라는 노래로 큰 히트를 쳤다.

지금 우리는 나이의 한계가 없는 연령통합의 시대를 살고 있다. '노인=여가'라는 등식을 날려버리고, 연령통합의 자세로 나이를 초월한 '나만의 그림'을 그리며 사는 것은 은퇴시공의 중요한 요소다.

저축은행 CEO에서 58세에 택시기사로 변신한 사람도 있다. 바로 김기선 씨(69)다. 그는 지난 2005년에 『즐거워라 택시인생』이라는 책을 출판했다. 그는 이렇게 말했다.

"처음에 택시 운전을 한다고 하니 극렬히 반대했던 아내도 저축은행 CEO 때려 치우고 택시운전 하겠다고 한 게 최고로 잘한 일이라고 칭찬을 많이 한다. 택시야말로 한 평짜리 평생직장이다."

외국계 보험회사 CEO를 끝으로 음악회를 연 K씨가 직장생활을 마무리해야 하는 후배들에게 당부하는 말이 있다.

"현직에 있을 때 물론 충실하게 일을 하되 평소에 꿈꾸어왔던 일은 포기하지 말고 'Wish List'를 만들어서 실천하려는 노력도 필요하다. 그러려면 평소에 취미활동을 게을리 하지 말아야 한다. 이번 음악회를 준비하다보니 체력이 중요하더라. 평소에 체력관리를 잘해서 은퇴 후 건강한 삶을 살 수 있어야 한다."

- 매일경제에서 발췌


이제 생각의 지도를 펼쳐라. 그리고 일단 시작해보아라. 인생은 저지르는 자의 몫이다. 무엇이든지 생각을 했으면 일단 들이대 보자. 나만의 꿈이 있으면 성공의 움이 트기 마련이다.

스스로 이렇게 물어보자.

"아니, 내 나이가 어때서?"

Try, Try Up!

# 사고를 곡선으로 전환하라

섹스리스(Sexless)로 부부가 참 많다고 한다. 섹스리스는 이혼 사유에 해당된다고 하니까 이혼율이 높은 이유도 여기에 있는 것은 아닐까 하는 생각이 든다.

가끔 만나면 다양한 대화를 나누는 유쾌한 후배가 있다. 늘 책을 끼고 다이내믹하게 살면서, 고민 많은 주변 사람들에게 멘토가 되어주고, 나아가 그 사람들이 잘 되는 모습에 보람을 느낀다는 멋진 후배다.

그는 부부간에 섹스를 재미없이 하면 섹스리스가 되는 것이고, 결국 이혼으로 가는 게 아니냐고 했다. 어디 그뿐인가? 재미없이 사는 것은 엄벌을 해야 한다고 했다. 부부 간에 재미없게 사는 것은 '폭력, 외도, 섹스리스'와 동급이라고 했다. 그동안 재미있는 인생은 생각도 못하고 앞만 보고 달려온 산업화 세대들이 새겨 들어야 할 말이다.

"인체는 완만한 곡선으로 이루어졌다. 인생을 곡선으로 꾸미라는 이야기다. 직선인 사고(思考)는 인체의 재미를 줄 수 없다. 사고를 곡선으로 전환하라."

인생을 재미있게 살려면 오래된 낡은 생각을 버리고 시대에 맞는 새로운 생각을 채워 넣어야 한다. 재미는 펀(fun)이다. 기본적으로 웃음과 즐거움, 그리고 유머를 곁들여야 한다. 펀(fun)은 재미, 흥미, 취미가 조화를 이뤄야 한다. 펀 경영은 개인의 긴장을 해소하여 업무의 집중력과 생산성을 높이는데 상당한 효과가 있다고 해서 기업에서도 펀 경영(Fun Management)을 강조하고 있다.

지금 이 시간에도 수많은 베이비부머들이 은퇴시장으로 쏟아져 나오고 있다. 은퇴는 인생의 또 다른 출발선이며 자기 고용의 시작이다. 이제 인생을 재미있게 사는 방법을 찾아야 한다.

행복은 보이기 위한 것이 아니다. 남들이 어떻게 보든 내가 행복하다고 느끼는 것이 우선되어야 한다. '런던 타임즈'에서 가장 행복한 사람에 대한 정의를 독자로부터 모집하여 순위를 매겼더니 다음과 같이 나왔다고 한다.
  1위 : 모래성을 막 완성한 어린아이
  2위 : 아기를 목욕시키고 난 어머니
  3위 : 세밀한 공예품을 만든 뒤 휘파람을 부는 목공

4위 : 어려운 수술을 성공리에 마쳐 막 생명을 구한 의사

이 결과를 보면 우리가 정말 행복을 느끼는 순간은 내가 해야 할 일을 해낸 순간, 혹은 내가 타인에게 중요한 존재임을 느낄 때 이다.

- 김혜남의 『서른 살이 심리학에게 묻다』에서


본인이 실현할 수 있는 최고의 것을 실현하는 것, 남과 비교하기보다는 자기 자신으로서 정점을 찍는 것, 자신의 잠재력을 알고 그에 맞춰 무엇인가를 이루기 위해 노력하는 것, 그리고 그것을 통해서 타인에게 중요한 존재임을 느끼는 삶을 설계하는 것, 이것이 은퇴시공을 재미있게 실천해 나가는 것이다.


누구나 최고가 되고 싶어서 열심히 산다. 그렇지만 누구나 다 최고가 될 수 있는 것은 아니다. 다 최고가 될 수 없는 상황에서 최고가 되는 것을 성공의 기준으로 삼으면 결국 불행해질 수밖에 없다.

은퇴시공의 목적을 누군가의 불행을 딛고 홀로 일어서는 것으로 잡을 수는 없다. 그것이 목적이라면 목적을 이루는 과정에서 누군가를 이겨야만 하고, 이겨야만 한다는 강박관념으로 삶을 재미있게 살아갈 수가 없다. 어쩌면 고도성장을 이루는 과정에서 베이비부머가 살아온 삶이 이렇기 때문에 은퇴 후에도 재미있는 삶을 꾸

리기 힘든 것은 아닐까 생각해 봐야 한다.

대한민국 베이비부머들에게 꼭 하고 싶은 말이 있다. 작은 일이라도 재미있고, 신나게 시작해보고 그곳에서 행복을 찾아보자. 그동안 성장을 위해 "잘 살아보세!"라며 앞만 보고 살아왔다면, 이제부터는 주변 사람을 돌아보며 "재미있게 잘 살아보세!"라며 즐기는 삶을 살았으면 한다.

인생을 직선이 아니라 곡선으로 꾸리자. 그래야 여기저기 움트고 있는 삶의 재미를 맛볼 수 있다. 직선길을 찾아 앞만 보고 달리지 말고, 여기저기 꽃들이 피어있는 곡선길을 즐기며 살아보자. 직선을 곡선으로 보기 시작하면 참 재미있는 것들이 많이 보이기 마련이다.

멋진 후반전을 위한 은퇴 테라피,
직선을 곡선으로 바꾸는 재미를 즐겨보자.

# 무엇이든지 내려놓아라!

숫자와 인생은 밀접한 관계다. 태어나면 바로 사주(四柱: 태어난 년, 월 , 일, 시)를 갖는다. 집 번지, 주민번호, ID 번호 등 자신만의 고유번호로 세상을 살아야 한다. 말이 통하지 않는 세계 어느 나라를 가더라도 숫자는 다 통한다.

우리 인생에 큰 영향을 끼치는 것들은 대개 둘(1/2)로 나뉘는 것들이 많다. 'ON-OFF', '흑-백', '위-아래', '남-녀' 등등. 무한대(∞)는 8을 옆으로 눕힌 모양과 같다. 많은 이들이 어렵게 생각하는 디지털이란 0과 1이 연속으로 변하는 것이다.

숫자는 인간에게 상황에 따라 다른 의미로 다가온다. 1이라는 숫자만 봐도 그렇다. 명퇴에 임박한 직장인에게 지난 1년은 너무나 아쉬운 시간이다. 유급 당한 학생에게 지난 1년은 매우 안타까운 시간이다. 1개월 미숙아에게 1개월은 너무나 소중한 시간이다. 방금 기차를 놓친 아줌마에게 1분은 애통한 시간이다. 달리기 올림

픽 은메달 리스트에게 1/100초는 황금 이상의 시간이다.

'꾸지람 1분 법칙'이란 말이 있다. 남을 꾸짖을 때도 숫자를 잘 활용해야 한다는 것이다. 20초는 꾸지람, 10초는 침묵, 30초는 감정을 가라앉히고 사랑을 표시하라는 의미로 숫자를 활용해서 '꾸지람 1분 법칙'을 만든 것이다.

'칭찬 1분 법칙' 어떤가? 30초는 칭찬, 10초는 침묵, 20초는 껴안아 주면서 칭찬하라는 삶의 지혜를 숫자에 담은 것이 '칭찬 1분 법칙'이다.

삶에서 숫자를 슬기롭게 활용하는 사람은 지혜롭다.

말콤 글래드웰은 『아웃라이어(Outliers)』라는 책을 통해 '1만 시간의 법칙'을 소개했다. 누구든지 전문가 경지에 도달하려면 최소 1만 시간을 투자해야 한다는 것이다.

우리는 늘 이렇게 각가지 의미를 부여한 숫자와 부딪히며 살아간다. 안 좋게 말하면 숫자 감옥이고, 좋게 말하면 숫자 천국이다.

당신은 숫자 감옥을 살 것인가? 숫자 천국을 살 것인가?

나이도 숫자로 표현한다. 숫자 지옥은 나이를 부정적으로 본다. 하지만 숫자 천국에서 나이는 당연하게 받아 들여야 할 삶의 훈장이다. 중요한 것은 당신이 어느 쪽을 택하든 인간인 이상 시간에서 벗어날 수 없고 나이에서 자유로울 수 없다. 따라서 숫자와 대결하는 것보다 숫자에 순응하는 것이 숫자 천국을 선택하는 현명한 처사다.

인간은 몇 살에 가장 행복할까? 뉴욕타임스 보도에 따르면 2008년에 18세에서 85세까지 약 34만 명에게 주관적 행복도를 조사했다. 그 결과 50부터는 나이를 먹을수록 행복하다고 답을 했다고 한다. 50대는 노화가 빨라지는 만큼 스트레스, 걱정, 분노와 같은 감정도 점차로 감소하기 때문에 그런 결과가 나온 것이라고 한다.

공자는 인생의 중요한 의미를 10년 단위로 구분해서 부여했다. 15세는 지학(志學), 30세는 이립(而立), 40세는 불혹(不惑), 50세는 지천명(知天命), 60세는 이순(耳順), 70세는 종심(從心)이라고 했다.

은퇴를 앞두고 있는 베이비부머는 어느덧 60대로 이순을 넘어서 종심으로 달리고 있다. 이들은 지천명의 나이에 대책 없이 정년이란 이름으로 떠밀려 나온 세대들이다.

지천명인 50대는 인생에서 가장 소중한 시기다. 경제적으로 자녀 대학비와 결혼 등으로 가장 어깨가 무거운 시기다. 여기에 부모님까지 부양해야 하니 현실은 숱한 불면의 밤이 될 수밖에 없다.

이 시기를 잘못 보내면 인생은 완전히 수렁으로 떨어질 수밖에 없다.

백세시대란 50대에 절망하기엔 너무 이르다는 걸 말해주는 시대이다. 삶의 막다른 골목이라고 여겼으나 또 다른 길이 펼쳐진다는 걸 알게 될 때까지, 가족에 대한 과도한 부담감에서 벗어나 지출의 우선순위를 정하기까지, 포기할 건 포기하고 마지막 남은 허세와 체면마저 버리기까지는 얼마간의 '시간'이 필요하다. 그뿐인가. 50대는 경제성장과 민주화의 주역으로서의 풍부한 과거뿐 아니라 백세시대의 새로운 '노년문화'를 이끌어갈 의무도 지니고 있다. 이들이 가족뿐 아니라 사회에 대해서도 '진정한 책임감'을 보여줄 수 있기를 바란다.
- 한혜경 교수의 '동아일보' 칼럼에서

텔레비전에서 현존하는 최장수 오락 프로그램인 〈전국노래자랑〉의 진행자인 송해 씨는 이 프로그램을 40년째 이어오고 있다. 그의 온화한 미소는 전 국민의 사랑을 받기에 충분하다. 그런데 그런 그의 미소에는 가슴 아프게도 소중한 젊은 외아들을 교통사고로 갑자기 잃고 욕심을 초탈(超脫)했기 때문이라는 사연이 담겨 있다. 그가 외아들을 교통사고로 잃을 때가 50대였고, 그때가 곧 〈전국노래자랑〉 MC를 시작한 때였다. 이후 40년 동안 이어왔으니, 그의 전성기는 50대부터였다고 볼 수 있다. 인생에서 가장 큰 시련을 극복하고 새로운 인생의 전기를 써내려간 것이다.

남아공의 넬슨 만델라도 51세에 교통사고로 아들을 잃었는데, 옥중에 있을 때라 장례식조차 참석할 수 없었다. 어쩌면 그의 웃음도 인생의 큰 시련을 통해 모든 것을 초탈해서 얻은 것으로 볼 수 있다.

미국 베스트셀러 작가인 셰리 카터 스콧 박사는 『성공의 법칙』에서 "지금 여기에서 살 준비를 하라"고 했다. 나온 지 10년이 지난 책의 내용을 다시 떠올린 건 '최악의 경기'라는 주변의 한숨 때문이다. 회복이란 상실감에 빠졌다가 마음을 돌이켜 다시 시작하는 과정이다. 성공하려면 이 과정을 잘 견뎌내는 일이 가장 중요하다. 자신이 원하는 것을 거머쥐는 사람들은 결코 포기하지 않고 끝까지 노력한다.

실망의 물리적, 정신적, 감정적인 과정을 잘 견디고 나면 아직 건재한 자신을 발견하고 다시 시작할 마음이 생기게 된다. 사람에 따라서는 실패의 힘든 과정을 참아낼 자신도 없고 너무 벅찬 고통 때문에 죽을 것만 같다고 생각하는 사람도 있다. 그런 걸 극복하고 살아남았음을 깨닫는 일이 중요하다. 이것을 '현재를 산다'고 말한다. 더이상 과거사를 되씹으며, 고통스러워하는 것이 아니라 지금 여기에서 '살' 준비가 된 것이다.

- 동아일보에서 발췌

서비스업계의 용어 중에 〈1-10-100 법칙〉도 있다. 제품에 불량이 생길 때 즉각 고치면 1의 원가가 들지만, 책임 소재나 문책 등의 이유로 이를 숨기고 그대로 내보낼 경우 10의 원가가 들며, 이것이 고객의 손에 들어가 클레임으로 되돌아오면 100의 원가가 든다는 것을 숫자로 표현한 것이다.

이것은 인생전략에도 유효하다. 어렸을 때 좋은 습관을 들이면 1의 비용이 들지만, 중년이 되어 나쁜 습관을 좋은 습관으로 바로 잡으려면 10의 비용이, 노년에 이것을 고치려면 100의 비용이 든다는 것을 알 수 있다.

은퇴시공을 치밀한 계획 없이 대충해서는 안 되는 이유가 여기에 있다. 그나마 100의 비용이 들 때라도 얼른 고쳐야지, 이 시기를 놓치면 1000의 비용을 들이더라도 쉽게 고치기 어려운 것이 우리의 인생이다.


작은 아파트를 팔고 좀 더 큰 아파트를 구입하러 공인중개사를 찾은 적이 있다. 거기서 만난 부동산 전문가는 이런 조언을 했다.

"아파트를 살 땐 내일 당장 팔 수 있는 물건을 구입하세요!"

필자는 재테크에 어두워서 이게 무슨 말인지 잘 이해하지 못했다. 나중에 알았는데 아파트를 부동산이란 자산으로 구입할 때는 현금 유동성을 전제로 사야 한다는 것이다. 즉 투자를 했으면 투자한 자금을 회수할 계획을 갖고 있어야 한다는 것이다.

전문가들은 자산 운용 관점에서 인생을 3단계로 나눈다. 현역시대 → 60~75시대 → 75세 이후 시대가 그것이다. 현역시대는 적립을 하면서 운용하는 시기로 장기투자나 적극 투자를, 60~75 시대는 번 돈을 사용하면서 운용하는 시기로 인출과 운용의 균형이 필요해 장기투자나 분산투자를, 75세 이후 시대는 벌지 못하고 사용하는 시기라 엄격한 자산 관리를 해야 한다는 것이다.

이제 내려놓고 비워내고 초탈해 보자. 기업이든 개인이든 과거에 얽매이면 현재의 수준도 유지할 수 없는 법이다. 인생 50대부터는 비워야 비로소 행복이 보인다.

그러자면 내려놓는 연습도 필요하다.
Give Up이다.

# 은퇴시공의 주인공이 되어라

30년 전 친구가 건설현장에서 근무하는 필자를 만나러 왔다. 그 날 따라 필자의 작업화는 콘크리트로, 얼굴은 흙과 땀으로 범벅이 되어 있었다. 시쳇말로 막 노동꾼의 모습 그대로였다. 그 모습을 본 친구는 쇼크를 받아 그 길로 건설 노가다를 때려치우고 다른 길로 가버렸다. 그는 그 후로 소방관련 일을 했다. 지금은 소식이 끊겼는데 자신에 맞는 옷처럼 '자신에 맞는 세상'을 살고 있는지 궁금하다.

얼마 전 내 책상으로 한 권의 책이 전달됐다. '미안하다, 나는 철 없이 사는 게 좋다'는 다소 도발적인 부제를 단 『폭주 노년』이었다. 1930년생 말띠인 저자 김욱 선생은 한국 나이로 여든 넷인데 엄마 뱃속에서 보낸 기억도 나지 않는 1년을 억지로 인생에 끼어넣고 싶지 않아서 어디 가면 굳이 여든 셋으로 소개한다고 말한다.

그는 중앙의 일간 신문사 기자로 30여년을 일한 뒤 10여년을 월

간지에서 기획기사를 집필했으며 각 기업의 사보에도 칼럼을 쓰기도 했다. 지금까지 2백여권의 책을 번역하고 6권의 책을 집필할 정도로 말처럼 뛰어왔다. 김 선생은 앞으로 10년은 더 뜨겁게 일하며 살아야 한다고 자신을 다그치고 있다고 소개한다.

여든셋의 나이에도 현역 작가, 번역가로 활동하고 있지만 그에게도 시련은 무척 많았다. 40여년의 직장생활을 정리하고 폼나게 글을 써볼 요량으로 전원주택을 지었지만 야박한 시골인심을 만나 무수한 고생을 했다. 여동생이 벌인 제주도 백화점에 전 재산을 투자했다가 IMF한파로 처참하게 꼬꾸라졌다. 전원주택이 믿었던 친구에게 경매로 넘어가고 수중에는 단돈 300만 원뿐이었다. 예순여덟에 모든 것을 잃고 빈털터리가 된 것이다.

살 길이 막막해진 그는 결국 부인을 설득해 남양주에서 어느 문중의 무덤관리를 해주는 묘막살이로 공짜집을 얻어 일본어 번역으로 재기를 노렸다. 새벽 다섯 시부터 원고지 80~90매씩을 번역하면서 3년 만에 서민임대아파트 보증금을 마련하는데 성공했다. 김 선생은 여든셋의 나이임에도 현직에서 번역가, 작가로 맹렬히 살고 있다. 한때 잘나가던 친구들은 모두 전직이지만 자신은 아직도 현역이라는 자부심이 대단하다. 95살까지는 현역으로 살겠다는 각오다.

인구고령화에 맞서는 한국의 고령화 정책 대응 수준이 OECD 22개국 중 꼴찌로 나왔다. 1990년대 이후 20년 동안 상황이 거의 개선되지 않은 것으로 나타나 노인소득 확충과 노인복지 서비스 등을 위한 정책 대응이 시급한 것으로 조사됐다.

- 윤형식 매경닷컴 대표의 '유쾌하고 철없는 폭주 노인' 에서

이 글을 보면서 당신은 무슨 생각을 하는가? 은퇴시공의 주인공은 자신이다. 필자가 존경하는 한 경영자는 '거족거이(巨足巨耳)'라는 말을 즐겨 쓴다. '많이 걷고 많이 듣자'는 의미로 본인이 직접 만든 말이다. 그는 직원들에게 이렇게 강조한다.

"인생은 마라톤인데 늘 호기심을 갖고 하루하루를 소중히 여기며, 시간 계획을 벌집처럼 촘촘히 짜라."

은퇴시공은 바로 이런 자세로 내가 주인공이 되어서 해야 한다. 가족이나 남에게 기대려고 해서는 안 된다.

일본에서 일흔다섯 살의 할머니 신인 작가가 아쿠타가와 문학상을 받아 최고령 수상 기록을 세웠다. 그는 모아둔 장례비로 아흔 여덟에 낸 첫 시집 『약해지지 마』로 150만부의 베스트셀러 시인이 되었고, 그는 실버 세대의 창작 붐을 일으킬 정도로 인기가 좋았다. 일본에선 환갑 넘은 신인 작가, 시인들이 줄줄이 등장한다. 이제 우리 신춘문예에서도 50~60대 당선자가 낯설지 않다.

재즈의 황제 루이 암스트롱은 정규 음악교육을 받지 못해서 악보를 읽을 줄 몰랐다. 하지만 자신이 좋아하는 트럼펫 연주를 위해 밤낮을 가리지 않고 훈련했다. 그러다가 자신의 입이 트럼펫 연주를 하기에 적합하지 않다는 것을 알고는, 아무렇지도 않게 자신의 입을 찢었다. 그래서 트럼펫 입구에 더 많은 공기를 불어넣을 수 있게 되었다. 연주도 더 안정감이 있었다. 그는 가수로서도 명성을 얻었고, 영혼을 울리는 창법으로 전 세계인의 심금을 울렸다. 1971년 자신의 곡 '멋진 세상'을 뒤로 하고 세상을 떠났다. 오늘날의 재즈는 그로부터 비롯되었다.

1952년 정주영 회장이 부산에서 건설 회사를 경영할 때 일이다. 당시 아이젠하워가 미국 대통령으로 당선되면서 그해 12월 부산 유엔군 묘지를 방문하기로 했다. 그런데 미국 정부가 우리 정부에 한겨울이라 분위기가 너무 썰렁할 것 같으니 잔디를 깔아달라고 부탁했다. 한겨울에 잔디라니, 요구를 들어주긴 해야겠는데 참으로 난감한 상황이었다. 잔디를 구할 방법이 없던 차에 젊은 정주영 회장이 "내가 하겠다!"고 자신 있게 나섰다.

며칠 뒤 아이젠하워 대통령이 방문했을 때 묘지는 온통 푸른 잔디로 뒤덮여 있었다. 그리고 그는 회견을 잘 마치고 돌아갔다.

정주영 회장이 부산 유엔군 묘지에 심은 잔디는 잔디가 아니라 낙동강 강둑에서 자라는 보리 싹이었다. 파릇파릇한 보리싹으로 유엔군 묘지를 덮으면서 정주영 회장은 이렇게 말했다.

"그 사람들이 원하는 것은 잔디가 아니라 푸른빛이 나는 무덤이
었고, 나는 무덤에 푸른빛을 입혔을 뿐이다."

그 당시 우리나라에서 한겨울의 파란 잔디는 구할 수 없었다. 하
지만 정주영 회장은 그 당시 미국 정부가 원한 것은 파란 잔디가
아니라 잔디처럼 깔끔하게 덮인 묘지였다는 것을 간파했다. 스스
로 주인공이 되어서 상대의 욕구를 살폈기에 얻을 수 있는 통찰력
이었다. 수동적인 사람은 어떤 일이 생겼을 때 그대로 따라 하려고
만 한다. 하지만 정주영 회장처럼 능동적인 사람은 어떻게든지 자
신이 주인이 되어 상황에 맞는 창의적인 생각으로 남들이 생각하
지 못하는 일을 벌여 성공에 이른다.

"명심하세요! 한계는 자신이 만드는 것입니다. 수많은 한계에
부닥치지만 좌절이 곧 절망이 아닙니다. 긍정적인 마음을 가진다
면 기회의 장이 열릴 겁니다."

체조 유망주에서 사고로 사지마비의 장애를 극복하고 의사가 된
이승복 박사의 말은 은퇴시공에서 스스로 주인공이 되는 것의 중
요성을 강조한다. 우리 곁에는 이 박사처럼 중증 장애를 극복하고

제2의 인생을 만드는 슈퍼맨들을 많이 있다. 이 수퍼맨들이 공통적으로 하는 말들은 다음과 같다.

"나는 할 수 있다! 맘만 먹으면….."
"꿈이 있어서 절망을 이겨냈습니다!"

당신도 이렇게 되려면 먼저 은퇴시공의 주인공이 되어야 한다. 그래야 불굴의 정신을 발휘할 수 있다. 지금이라도 은퇴시공의 주인공으로 거듭 태어나야 한다.

나는 3단계를 바탕으로 습관을 들이는 데 성공했다. 첫째, 무슨 일이든 일단 시작하고 본다. 둘째, 도중에 모든 걸 내던지고 싶은 순간이 오더라도 '힘내자!'고 자신을 격려하며 계속한다. 셋째, 어느 시기를 기점으로 특별히 의식하지 않아도 자연스럽게 그 일을 하고 있다. 셋째 단계는 바로 '습관화'가 이루어진 상태다.
둘째 단계에서 포기하는 사람이 압도적으로 많다. 이때 포기하지 않고 어떻게든 자신을 다독이며 꾸준히 계속하다 보면 반드시 습관으로 자리 잡는 셋째 단계를 만나게 될 것이다.
　　　　- 야마모토 노리아키 『인생을 바꾸는 아침 1시간 노트』에서

성공자는 한계가 없고, 실패자는 한 게 없다.

명심하라. 성공자는 스스로 주인공이 된 사람들이다.

당신도 스스로 당신의 인생의 주인공이 되어야 한다.

인생은 헬프(help)가 아니라 셀프(self)다.

은퇴시공은 Self Up이다.

# 가진 사람이 아니라 값진 사람이 되라

인생은 크게 3막으로 이뤄진다. 그리고 그것은 거의 30년 주기로 이뤄진다. 필자는 이를 '트리플(Triple) 30'이라 부른다.

1막 30년은 진도(進度)가 지배한다. 이 시기는 배우는 시기로 배워야 할 내용에 진도를 내야 한다. 부지런히 면학에 정진해야 한다.

2막 30년을 지배하는 건 속도(速度)다. 이 시기는 경쟁이 치열한 때라 속도가 생존을 좌우한다. 남들보다 앞서지 못하면 도태되기 십상이다.

3막 30년은 밀도(密度)가 지배한다. 이 시기에는 진도나 속도가 먹히질 않는다. 성공을 위해 얼마나 알찬 삶을 살았느냐가 관건이다. 은퇴시공에서 밀도를 중요하게 다루는 이유가 여기에 있다.

그렇다면 노하우(Know How)가 뭘까? 필자는 Giving이 은퇴시공의 밀도를 채워나가는 최고의 노하우라 본다.

"I-Giving."

필자가 수시로 부르는 이름이다. 이름 그대로 남을 돕는 일이다.

꼭 기부천사가 되라는 것은 아니지만 당신도 '작은 김장훈'이나 '작은 빌 게이츠'가 되어야 한다는 것이다.

"돈이 없는데 어떻게 기부하란 말이야?"

기부라고 하면 이렇게 말하는 이들이 있다. 하지만 기부에는 꼭 돈을 쓰는 것만 있는 것이 아니다. 자신이 잘 할 수 있는 것을 남들과 공유하는 것도 중요한 기부가 될 수 있다.

프로 보노(pro bono), 즉 지식 기부가 대표적이다. 돈으로 기부하기 힘들면 자신의 지식을 기부하라. 이것도 없다면 육체적 기부, 즉 봉사 활동을 하라.

"다 퍼주어도 손해 보는 장사는 없다."

인생에서 퍼주는 것을 결코 손해 보는 장사가 아니다. 당신이 갖고 있는 그 무엇인가를 퍼주면, 그보다 더 큰 것이 돌아온다. 버는 것은 기술이고, 쓰는 것은 예술이다. 기부는 쓰는 것으로 예술 중에 최고의 예술이다.

우루과이의 호세 무히카(77) 대통령은 은행계좌가 없다. 예금할 돈이 없기 때문이다. 유일한 개인 재산이라곤 낡은 1987년형 폴크

스바겐 비틀 한 대뿐이다. 한 달에 약 774달러(84만원)로 먹고 입고 산다. 나라가 궁핍에 허덕여서가 아니다.

우루과이는 수리남에 이어 남미에서 둘째로 작은 국가다. 미국 워싱턴 주보다도 작다. 하지만 아르헨티나·칠레에 이어 셋째로 발전된 국가다. 1인당 GDP 성장률은 8.5%, 2011년엔 6%였다. 그에게 돈이 없는 까닭은 월급의 약 90%를 자선단체에 기부하기 때문이다. 그는 대통령 관저에서 살지 않는다. 부인이 일군 야채·꽃 농장의 허름한 집에서 출근한다. 관저는 노숙인들의 쉼터로 쓰도록 내놓았다.

솔선수범한 덕분일까. 우루과이는 중남미에서 칠레 다음으로 부패가 적은 국가가 됐고, 삶의 질에 있어서 두 번째로 높은 나라로 꼽히고 있다.

- 조선일보 기사 중에서

당신이 세상을 마감할 즈음, 즉 당신의 세상이 끝날 때 당신의 인생 대차대조표는 어떻게 작성될까? 거기에 무엇이 많이 담겨있으면 하는가? 친절과 사랑이 많이 기록돼 있으면 얼마나 좋겠는가?

내가 살아 보니까 내가 주는 친절과 사랑은 밑지는 적이 없습니다. 내가 남의 말 듣고 월급 모아 주식이나 부동산에 투자한 것은 몽땅 망했지만, 내가 무심히 또는 의도적으로 한 작은 선행은 절대로 없어지지 않고 누군가의 마음에 고마움으로 남아 있습니다. 소중한 사람을 만나는 데는 1분이 걸리고, 그와 사귀는 데는 한 시간이 걸리고, 그를 사랑하게 되는 데는 하루가 걸리지만, 그를 잊어버리는 데는 일생이 걸린다는 말이 있습니다. 그러니 남의 마음속에 좋은 기억으로 남는 것만큼 보장된 투자는 없습니다. 사람은 단지 인(人)에서 끝나지 않고 인간(人間), 즉 삶과 사람 사이의 관계가 형성되어야 그 존재의 의미가 있습니다.

- 장경희 교수의 '어떻게 사랑할 것인가'에서

세상에는 다음과 같은 세 종류의 사람이 있다.

첫째 : 거미형

둘째 : 개미형

셋째 : '꿀벌형

거미형은 관계를 중시여기며 여기저기 인맥을 다지는 사람들이다. 개미형은 앞만 보고 열심히 일을 하는 사람들이다. '꿀벌형'은 주변 사람에게 유익함을 제공하는 사람들이다.

꿀벌은 열심히 일을 해서 온갖 꿀을 모아온다. 꽃가루도 모아오고 로얄제리도 생산하여 사람들에게 큰 유익을 준다. 남을 위해서 모든 것을 주고 희생하는 삶을 산다.

사람들 중에도 이와 같이 남을 위하여 희생하고 봉사하는 사람들이 있다. 세상 누군가에 영향을 미칠 수 있고 무언가 다른 사람의 마음에 여운을 심어줄 수 있는 것, 그것이 가치 있는 삶이 아닐까?

새끼일 때 고립상태로 자라다가 다 자라서 원래의 무리로 돌아간 원숭이가 있었다. 무리의 다른 원숭이들은 이 원숭이와 전혀 어울리려 하지 않았다. 이 원숭이는 어쩌다 자신에게 접근하는 수컷을 물어버리곤 했다. 주인이 짝짓기를 하지 않으니 새끼를 갖게 하려고 인공수정을 했다. 그렇게 해서 수컷 새끼가 태어났지만 문제는 여전했다. 어미는 새끼를 전혀 돌보지 않고 심지어 새끼의 먹이를 빼앗아 먹으며 밀어내기까지 했다. 그 결과 새끼 또한 청소년기가 지난 뒤에도 다른 암컷에게 제대로 접근하지 못했고 외톨이로 떠돌았다. 애정 결핍이 낳은 결과다.

이것이 어디 원숭이만의 문제일까? 어려서 애정결핍을 겪은 사람은 고립된 삶을 살 수밖에 없다. 이 애정결핍에서 벗어나는 것이 이웃을 사랑하는 것이고, 이웃을 사랑하는 것에 대표적인 것이 기부하는 마음과 행동이다.

먼저 내가 갖고 있는 것을 누군가에게 유용하게 기부하는 일부터 해보라. 당신을 좋아하고 사랑해주는 사람들이 늘어날 것이고, 그로인해 스스로 당신의 삶이 사랑과 행복으로 충만하는 경험을 하게 될 것이다.

다이아몬드와 숯의 구성원소는 같다. 그러나 하나는 다이아몬드
라는 희귀한 보석이 됐고, 다른 하나는 값어치 없는 흔한 숯이 됐
다.

당신의 은퇴도 구성원소는 남들과 똑같다. 은퇴시공을 의미있는
기부로 채워간다면 누구 못지 않은 사랑과 행복이 넘치는 삶을 살
게 될 것이다.

그러자면 〈가진 사람〉이 아니라 〈값진 사람〉이 되어야 한다.

이젠 Taker 아니라 Giver로 삶의 코드를 바꿔야 한다.

# 4 장

은퇴시공을 위한 액션 플랜

# 당신의 삶을 중간 평가하라

인생은 수레바퀴다. 지금부터 당신의 수레바퀴는 잘 굴러가고 있는지 점검해보자. 동기부여가 대런 하디(Darren Hardy)의 저서 『The Compound Effect』의 내용 일부를 수정해서 소개한다.

## ● 점검 방법

다음 질문에 1~5점으로 답하라. 1은 '전혀 아니다', 2는 아니다, 3은 보통이다, 4는 그렇다, 5는 '매우 그렇다'를 뜻한다. 각각의 점수를 더해 총점을 적으면 된다. 그리고 〈나는 어떻게 살았는가?〉 시트에 표시하면 된다.

### 대인관계와 가족

1. 나는 매주 적어도 10시간은 가족들에게 초점을 맞춘다.(   )
2. 나는 매주 적어도 1번은 친구들과 어울린다.(   )
3. 내 인생에서 완벽하게 용서 못한 사람은 없다.(   )
4. 나는 좋은 부부, 부모, 친구가 되는 방법을 배우기 위해 열심히 참여한다.(   )
5. 나는 친구나 가족의 성공을 돕기 위한 방법을 열심히 찾는다.(   )

6. 나는 대인 관계에서 갈등이 생겨났을 때는 책임감 있게 행동한다.( )

7. 나는 함께 살거나 일하는 사람을 쉽게 믿는다.( )

8. 나는 함께 살거나 일하는 사람에게 100퍼센트 정직하고 항상 열려 있다.( )

9. 타인에게 헌신하고 남들의 헌신을 칭찬하는 것은 쉬운 일이다.( )

10. 나는 내 도움이 필요할 때를 알고, 또 꾸준히 도울 일을 찾는다.( )

총점 : ( )

## 비즈니스

1. 나는 그날의 계획을 미리 세워둔다.( )

2. 나는 목표를 명시해 두었고 잘 보이는 곳에 두었으며 수시로 리뷰하고 있다.( )

3. 나는 내가 하는 일을 사랑하며 출근하러 일어나는 일이 즐겁다.( )

4. 나는 일을 할 때 항상 성취감과 만족감을 느낀다.( )

5. 나는 내 전문분야의 강점을 키우고 약점을 보완하기 위해 꾸준히 노력한다.( )

6. 나는 상황이 가능하다면 보수가 없더라도 내 일을 계속하고 싶다.( )

7. 나는 매일 거의 같은 시간에 가족들과 함께 집에 있다.( )

8. 내 일은 내년도 내 재정 목표를 달성하는 데 현실적으로 가능한 일이다.( )

9. 내 일은 10년간의 내 재정 목표를 달성하는 데 현실적으로 가능한 일이다.( )

10. 내 일은 타인과의 삶과 긍정적인 의미가 있다.( )

총점 : ( )

## 재정

1. 나는 완벽하고 세부적인 예산을 세웠고 실패 없이 지키고 있다.(    )

2. 나는 전문적으로 구성하고 다각화한 재정 포트폴리오를 가지고 있다.(    )

3. 나는 매달 내 수입의 10퍼센트 이상을 저축하고 있다.(    )

4. 나는 카드빚이 없다.(    )

5. 나는 6달 정도 버틸 수 있는 여유 자금이 있다.(    )

6. 나는 내 가치에 완벽하게 맞는 대우를 받고 있다고 느낀다.(    )

7. 나는 내 유서를 써두고 계속 업데이트하고 있다.(    )

8. 유사시 나 없이 생활할 가족에게 필요한 보험에 가입했고 재정 계획이 있다.(    )

9. 나는 은퇴 뒤 계획이 있고 은퇴 뒤 내가 무엇을 하고 싶은지 알고 있다.(    )

10. 나는 내 의도에 맞춰 잘 살고 있고, 무분별하게 돈을 쓰지 않는다.(    )

총점 : (      )

## 정신 건강

1. 나는 방향을 제시하거나 영감을 주는 읽을거리를 하루 30분 이상 읽는다.(    )

2. 나는 방향을 제시하거나 영감을 주는 들을거리를 하루 30분 이상 듣는다.(    )

3. 나는 내가 종사하는 분야의 뉴스의 최신 소식을 꾸준하게 따라가고 있다.(    )

4. 나는 매일 내 분야에서 쓸 수 있는 교육적인 정보를 찾고 있다.(    )

5. 나는 내가 믿는 멘토가 있다.(    )

6. 내 모든 친구들은 내 삶에 긍정적인 영향을 미치고 있다.(    )

7. 나는 남의 험담을 해본 적이 없다.(    )

8. 나는 매일 내 인생의 가장 큰 목표를 되돌아본다.( )

9. 나는 매일 내가 훌륭했던 점을 되돌아본다.( )

10. 나는 내 핵심 가치관이나 목적에 맞지 않는 요구나 명령은 항상 거부한다.( )

총점 : ( )

## 라이프 스타일

1. 나는 일 외에 취미를 가지고 있고, 일주일에 3번 이상 취미를 즐긴다.( )

2. 나는 오페라, 박물관, 영화관 같은 문화 활동을 한 달에 2번 이상은 한다.( )

3. 나는 업무에 방해 받지 않는 휴가를 1년에 한 번은 간다.( )

4. 나는 내가 원하는 만큼 가족에게 시간을 할애하고 있다.( )

5. 나는 내가 원하는 만큼 친구들에게 시간을 할애하고 있다.( )

6. 나는 새로운 시도와 다양한 경험을 할 수 있는 모험을 꾸준히 하고 있다.( )

7. 나는 하고 싶고, 해야 할 일을 할 수 있는 충분한 시간이 있다고 느낀다.( )

8. 나는 매일 시간을 충분히 이용하며 살고 있다.( )

9. 나는 매일 몽상에 시간을 쓰고 있다.( )

10. 나는 매일 매 순간 현재를 살고 있다.( )

총점 : ( )

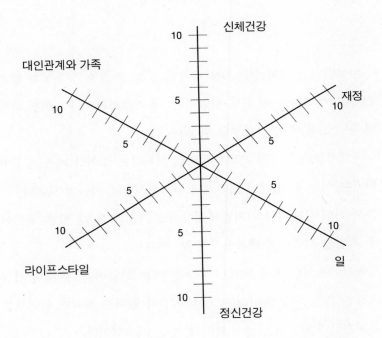

나는 어떻게 살았는가?

# 당신을 워크아웃(Work-out)하라

1996년의 경제위기(IMF)를 극복한 것은 금 모으기 운동과 같은 전 국민이 하나로 된 힘도 있었지만, 각 기업체의 자구노력인 과감한 '구조조정'의 힘도 빼놓을 수 없다.

은퇴시공은 한정된 은퇴자금으로 시작하는 것이라 자칫 방심하다가는 어느 한 순간에 개인적인 경제위기를 불러올지 모른다. 따라서 이때를 대비해서 기업체에서 구조조정을 할 때 썼던 '워크아웃 기법'을 과감하게 벤치마킹해 볼 만하다.

워크아웃이란 쉽게 말해서 거품을 빼는 작업이다. 현재 경제적으로 어려운 환경에 있거나, 다소 여유가 있기는 하지만 위태로운 은퇴자라면 반드시 적용해 봐야 할 좋은 시스템이다.

어떤 사람이 건강이 아주 나빠 의사를 찾아가 진찰을 받았는데, 의사가 지금 몸무게가 80kg인데 앞으로 3개월 내에 몸무게를 65kg으로 감량하지 않으면 죽을지도 모른다고 말했다면 어떻게 해야겠는가?

당신이 바로 그 사람이라면 어떻게 하겠는가? 어떻게든 살아남기 위해 당장 체중을 줄이기 위해 어떤 행동이든 취하지 않겠는가?

그때는 누가 시키지 않아도 살을 빼는 데 좋은 것이 있다면 무엇이든지 하려고 기를 쓰고 덤벼들 것이다. 이런 게 바로 워크아웃이다.

지금 상태가 좋지 않은 사람은 물론이고 설령 형편이 좀 좋은 위치에 있는 사람이라도 행복한 미래를 위해 항상 염두에 둬야 할 것이 바로 '워크아웃 기법'이다.

지금부터 개인적인 워크아웃 작업을 시작해보자.

먼저 당신이 누구인가를 확실하게 파악해보자.

다음에 제시되는 〈표1〉의 답을 채워 보자.

표 1

## 나는 누구인가?(Who am I?)

1. 어렸을 때 좋아했던 장난감은?

2. 어렸을 때 좋아했던 놀이는?

3. 어렸을 때 가장 재미있게 본 영화는?

4. 시간이 날 때마다 즐기는 것은?

5. 형편이 좋아지면 하고 싶은 것은?

6. 아직 늦지 않았다면 하고 싶은 것은?

7. 가장 좋아하는 악기는?

8. 오직 자신을 위해 시간은 내는 것은?

9. 여가를 위해 한 달에 얼마나 지출하는가?

10. 다른 사람 몰래 즐기는 것은?

11. 어린 시절을 잘 보냈더라면 무엇이 되었을까?

12. 자신에 힘이 되는 음악은?

13. 가장 좋아하는 의상 스타일은?

14. 자신을 신뢰한다는 것은 무엇인가?

15. 만약 꿈을 꾸기 시작했다면 무엇을 했을까?

당신이 위의 답을 다 채웠다면 그 동안 살아오면서 잊고 지냈던 당신의 모습을 다시 찾았을 것이다. 그리고 강렬한 뭔가를 느낄 수 있을 것이다.

이제 당신의 진면목을 찾아 나서보자.

다음 〈표2〉의 답을 채워 보자.

표 2

## 이것이 바로 나다(That is me)

1. 어렸을 때 아버지는 내가 그린 그림을 보고 뭐라고 했는가? 그때 기분은 어땠는가?

2. 아버지가 나에게 해주셨던 것 중 기억나는 것은?

3. 그때 어떤 기분이었는가?

4. 어린 시절 어머니가 말한 내 꿈?

5. 나를 믿어 준 사람은?

6. 자신이 한 것 중 가장 기억에 남는 것은?

7. 그때 어떤 기분이었는가?

8. 어렸을 때 가장 큰 죄악이라고 생각한 것은?

9. 나의 자신감을 깨뜨린 선생님은?

10. 좋은 본보기가 됐던 스승이나 선배는?

11. 재능 있다는 칭찬을 들을 때 기분은?

12. 내 자신 나에 대해 의심스럽게 생각하는 것은?

13. 자신에 대해서 믿을 수 없는 게 있다면?

14. 재능이나 능력이 있다는 정말 열심히 하고 싶은 것들은?

---

이제 〈표2〉를 통해 당신의 장점에 대해 생각해 봤을 것이다. 그 것을 하고 있었으면 지금쯤 훌륭한 사람이 되었을 것이라는 믿음을 가졌을지도 모른다.

그러면 이제부터 본격적인 '워크아웃 작업'에 들어가보자. 앞으로 이 작업을 통해 자신이 누구인지, 자신의 장점이 무엇인지 나름대로 알 수 있었을 것이다.

지금 당장 당신이 바꾸고 싶은 것 10가지를 목록으로 작성하라. 아주 큰 변화에서 작은 변화까지 포함시켜라.

표 3

## 내가 나를 바꾸고 싶은 것은? ( I Change to )

1. _____

2. _____

3. _____

4. _____

5. _____

6. _____

7. _____

8. _____

9. _____

10. _____

---

당신이 바꾸고 싶은 것, 즉 구조조정과 워크아웃을 했으면 하는 것에 대해 마음속으로 정했을 것이다.

이제 〈표4〉를 통해 현재의 당신에 대해 구조 조정을 해보자.

표 4

## 나는? ( I )

1. 내가 최선을 다 할 때는?

2. 내가 최악일 때는?

3. 내가 가장 행복하다고 생각할 때는?

4. 내가 정말 되고 싶은 것은?

5. 내가 꼭 하고 싶은 것은?

6. 내가 기분이 좋고 긍정적일 때는?

7. 내가 갖고 있는 천부적인 재능은?

8. 내가 가장 잘 하는 것은?

9. 자신에게 가장 소중한 것은?

10. 진정한 인생목표는?

---

지금까지 한 일련의 작업은 당신이 생각한 막연한 것들을 글로써 표현한 것들이다. 사람에 따라 다를 수 있겠지만 이렇게 함으로써 마음 한 구석에서 왠지 모를 열정, 도전, 자신감 같은 작은 변화가 일고 있음을 느낄 것이다.

그것이 바로 당신을 워크아웃하기 위한 실질적인 변화라고 생각하면 좋다.

지금까지 지침대로 따라준 당신에게 박수를 보낸다.

이제 약 5분 동안 어떤 생각이든지 앞에서 해온 워크아웃의 지침대로 해봄으로써 얻었던 것들을 생각나는 대로 써 보자.

**워크아웃과 관련된 생각들**

작업을 마쳤으면 이제 워크아웃 작업의 마지막 단계인 '당신의 미래 그리기〈표5〉'에 들어가보자.

이 작업은 앞으로 1년 후, 3년 후, 6년 후, 10년 후 당신의 삶을 미리 그려보는 작업이다.

● 그때는 당신이 몇 살이 되고 ● 당신의 삶은 어떤 모습이 될 것이며 ● 또 그때 무엇이 당신에 가장 소중한 것인가 ● 당신과 가족, 직장 등은 어떻게 변했을까?

이런 것들에 대해 가능한 현실적이자 객관적으로 그려보는 작업이다.

표 5

| 나의 미래 그리기 (My Plan) |
| --- |

성공은 외부로부터 오는 게 아니라 당신 내부로부터 오는 것이다. 강도 높은 워크아웃을 통해 당신 내부에 있는 쓸데없는 거품을 빼고 단단하고 옹골찬 체질을 만들어 가야 한다.

은퇴는 '체력'이 아니라 '체질'이다. 조금이라도 힘이 있을 때 과감한 워크아웃을 통해 '체질'을 은퇴시공에 맞게 최적화 시켜가야 한다.

당신이 한번도 가보지 않은 당신의 100년 인생 무대의 감독이자 주인공은 바로 당신이다. 은퇴시공을 위해서는 지금 바로 감독으로서 "Action!"을 외치고, 주인공으로서 바로 실천에 옮기는 것이다.

은퇴시공!
당신이 감독이고 당신이 주인공이다.

# 당신의 은퇴준비지수(RPQ)는?

하버드대학 심리학연구소가 65세 정년 퇴직자들을 대상으로 설문조사를 했다. 조사 결과 정년 퇴직자들이 다음과 같은 4가지 유형의 삶을 영위하는 것으로 나타났다.

첫째, 〈홀로서기 노인층〉이다. 응답자 중 3%로 퇴직 후에도 남에게 의존하거나 얽매이지 않고 최고의 부와 명예를 누리며 떳떳하게 살아간다.

둘째, 〈불편 없는 노인층〉이다. 응답자 중 10%로 별 불편 없이 퇴직 전과 마찬가지로 여생을 산다.

셋째, 〈겨우겨우 노인층〉이다. 응답자 중 절반이 넘는 60%로 대다수 퇴직자들이 그러하듯이 하루하루를 겨우 살아간다.

넷째, 〈무기력 노인층〉이다. 혼자서는 도저히 살 수 없는 노인들로 응답자 중 27%에 이른다. 자선단체나 구호기관, 양로원 등 남의 도움 없이는 살 수 없는 유형이다.

연구소는 '왜 이런 결과가 나왔는가?'에 대해 연구하기 위해 역으로 이들을 만나 다시 설문조사를 해보았다. 그리고 재미있는 사실을 발견했다. 4가지 유형의 노인층은 젊어서 각기 다른 인생관을 갖고 있었는데, 그 인생관이 자신들을 그렇게 만든 것이다.

첫째, 〈홀로서기 노인층〉 유형은 젊어서부터 목표를 구체적으로 세워 이를 글로 적어 놓고, 적극적으로 실천해 행동으로 옮겨갔다고 답했다.

둘째, 〈불편 없는 노인층〉 유형은 나름대로 인생의 목표는 있었지만 그것을 글로 써놓지 않아 이를 제대로 실천하지 못했다고 술회했다.

셋째, 〈겨우겨우 노인층〉 유형은 인생에서 성공해야겠다는 목표는 있었지만 막연히 생각만 했지 실천하지 못해 그 꿈은 단지 백일몽에 지나지 않았다고 아쉬워했다.

넷째, 〈무기력 노인층〉 유형은 인생에서 어떤 목표는 고사하고 꿈조차 없었다고 답했다.

당신은 지금 어떤 유형의 노인층을 향해 가고 있는가? '목표가 있는가? 없는가?', '그 목표를 글로 표현하는가, 그냥 생각만 하고 있는가?'는 어찌보면 사소할 것지만 노년의 삶을 크게 바꾼다는 것을 분명히 알아야 한다.

지금이라도 인생에서 간절히 바라는 목표를 글로 써서 표현하는 작업을 시도하라. 이제 당신의 은퇴준비지수(RPQ: Retire Prepare Quotient)는 어느 정도일지 아래 체크리스트를 읽고 '예, 아니오'로 답을 해보자.

● 체크리스트

## 나의 은퇴지수

1. 나는 조금이라도 저축하는 습관을 갖고 있다.(예, 아니오)

2. 행복한 은퇴를 위한 은퇴연금 3종 세트(국민, 퇴직, 개인)에 가입했다.(예, 아니오)

3. 나만의 취미활동을 하고 있다.(예, 아니오)

4. 현재 맞벌이를 하고 있고 계속할 생각이다.(예, 아니오)

5. 평생직장이 아니라 평생 직업군에 속해 있다.(예, 아니오)

6. 수시로 은퇴 이후 삶을 구상하고 있는 편이다.(예, 아니오)

7. 정기적으로 건강 검진을 받는다.(예, 아니오)

8. 지금 현재 5대 성인병에 걸려 있지 않다.(예, 아니오)

9. 부부가 함께 하는 취미활동이 있다.(예, 아니오)

10. 정기적으로 〈재능 기부〉 또는 〈재정 기부〉를 하고 있다.(예, 아니오)

11. 내 인생의 〈Wish List〉, 또는 버킷리스트를 만들어 놓았다.(예, 아니오)

12. 자식이 한 명이다.(예, 아니오)

13. 부인 또는 남편의 직업이 교사, 공무원, 군인 중 하나이다.(예, 아니오)

14. 시골에 부모님이 현재 농사를 짓고 있다.(예, 아니오)

15. 부모님으로부터 물려 받을 수익형 부동산 아니면 재산이 있다.(예, 아니오)

16. 현재 나이가 30~40대다.(예, 아니오)

17. 현재 직업이 사무직이 아니라 기술직이나 전문직이다.(예, 아니오)

18. 은퇴를 하면 결혼한 자식과 같이 안 살겠다.(예, 아니오)

19. 자신 인생관이 '자식'보다 '자신'이라고 생각한다.(예, 아니오)

20. 60 이후 은퇴를 하면 실버타운이나 요양병원으로 가겠다.(예, 아니오)

21. 현재 배우자와 절대 이혼하지 않겠다.(예, 아니오)

22. 내 생각을 글로 옮길 수 있는 능력이 있다.(예, 아니오)

23. 회사에서 〈사내 강사〉 등 대내외적인 활동을 하고 있거나 경험이 있다.(예, 아니오)

24. 자신이 하는 업무 관련 서적을 출간한 적이 있거나 출간하고 싶다.(예, 아니오)

25. 종교 생활을 하고 있다.(예, 아니오)

26. 주기적으로 부부동반 여행을 하는 편이다.(예, 아니오)

27. 저수지통장(자신의 월평균 소득 6배 정도되는 금액을 담은 통장)이 있다.(예, 아니오)

28. 지인들의 애경사는 빠지지 않고 챙기는 편이다.(예, 아니오)

29. 건강을 위해 꾸준히 운동을 하거나 건강식을 한다.(예, 아니오)

30. 술과 담배를 전혀 하지 않는다.(예, 아니오)

31. 나만의 〈앙코르 커리어〉를 준비하고 있다.(예, 아니오)

32. 은퇴에 대한 구체적인 계획 즉 〈Written Plan:글로 써놓은 계획〉을 갖고 있다.(예, 아니오)

33. 창업보다 창직을 생각한다.(예, 아니오)

34. 은퇴 5대 리스크가 무엇인지 알고 있다.(예, 아니오)

35. 이미 은퇴 준비를 조금씩 하고 있다.(예, 아니오)

36. 황혼이혼의 파장에 대해 잘 숙지하고 있는 편이다.(예, 아니오)

37. 매사 주도적이거나 긍정적인 사고 소유자다.(예, 아니오)

38. 끊임없는 도전과 자기계발로 하루하루가 바쁜 편이다.(예, 아니오)

39. 암 보험 등 실비 보험에 가입했다.(예, 아니오)

40. 시사용어 〈Long-High-Low시대〉라는 것을 알고 있다.(예, 아니오)

41. 별도의 은퇴계좌를 개설해 놓았다.(예, 아니오)

42. 주택연금에 관해 100% 이해하고 있다.(예, 아니오)

43. 노인요양원과 노인요양병원의 차이를 알고 있다.(예, 아니오)

44. 집안일 수행능력이 있는 편이다.(예, 아니오)

45.은퇴를 하면 귀농이나 귀촌을 위한 준비를 하고 있다.(예, 아니오)

46. 자녀지원 3종 세트 즉 〈대학교 및 대학원 등 고등교육 학비, 결혼 준비 비용,

　　신혼집 마련비용〉을 지원하지 않겠다.(예, 아니오)

47. 은퇴노인을 의미하는 은어인 〈DKNY〉가 무슨 뜻 인줄 알고 있다.(예, 아니오)

48. 현재 미혼이다.(예, 아니오)

49. 이혼을 한 상태다.(예, 아니오)

50. 은퇴를 위한 재정 컨설턴트와 지속적인 상의를 하고 있다.(예, 아니오)

● 평가 방법

- 〈예〉가 40 이상 이면 - 홀로서기 노인 / 노부(老富)형

- 〈예〉가 30-39 이면 - 불편 없는 노인 / 노편(老便)형

- 〈예〉가 20-29 이면 - 겨우겨우 노인 / 노인(老人)형

- 〈예〉가 19 이하 이면 - 무기력 노인 / 노추(老醜)형

# 자기사명서를 만들어라

  이제 인생의 로드 맵 역할을 할 수 있는 〈자기사명서〉에 대해 이야기해 보자.

  되돌아보면 학창시절 입학시험 또는 기말·월말시험 등을 앞에 두고 공부할 때 '4당 5락', '합격', '승리' 등 거창한 구호를 책상 머리맡에 써놓고 한 방향을 향해 매진해 본 경험이 있을 것이다. 설령 그것이 지속적인 게 아니고 벼락치기일지라도 그 문구는 왠지 자신감을 주고, 자칫 마음이 해이해질 때 채찍질 역할도 해주었다.

  잠시 눈을 감고 자신의 삶을 돌아보는 시간을 가져보자.

'진정 나는 어디로 가고 있고, 어디로 가고 싶은가?'

  스스로 이 물음에 자신 있게, 명확하게 말할 수 있는지 자문해 보자. 응답자 중 90%는 명확한 대답을 못했다. 바로 이런 상황에서 삶의 행동 지침인 〈자기사명서〉가 있으면 목표를 향해 이탈하지 않고 똑바로 나갈 수 있다.

카메라의 초점이 맞지 않으면 거기에 떠오르는 영상이 흐릿해 보인다. 인생도 마찬가지다. 〈자기사명서〉가 분명하지 않으면 인생은 흐릿해 보일 수밖에 없다. 먼저 내 인생의 선명한 초점을 만들어 선명한 영상을 찍어보자.

〈자기사명서〉는 우리 삶의 헌법과 같다. 내가 왜 살고, 무엇을 추구하고 싶은지를 글로 표현해 보자. 〈자기사명서〉 작성을 통해 삶에서 원하는 게 무엇인지를 명확히 새겨보자.

지금부터 당신을 〈자기사명서 워크숍〉으로 초대한다. 우선 조용한 곳에 자리를 한 뒤 마음을 편히 먹고, 볼펜을 준비하자. 그리고 다음 7단계의 작업을 성실하게 하나씩 해 보자.

## 자기사명서 워밍업

**1단계,** 당신이 중요하다고 생각하여 갖고 싶은 것들의 목록을 작성하라. 유형적(고급 주택)일 수도 있고, 무형적(행복한 가정)일 수도 있다. 이 목록 중에서 당신이 가장 중요하게 생각하는 것 5가지를 선택하라.

**2단계,** 당신에게 큰 영향을 끼친 사람을 살펴보아라. 그들은 행동, 감정, 생활 방식을 통해서 다른 사람에게 영향을 미친다. 이제까지 살아오면서 부모님, 선생님, 선배, 친구 등 자신에게 큰 영향을 준 사람을 생각해서 그 이름을 적는다. 그리고 이들이 갖고 있는 어떤 성품과 성격이 그렇게 감탄스럽고 훌륭했는가를 생각하자. 그 중 어떤 것들을 당신의 사명서에 포함시키고 싶은가를 적어라.

**3단계,** 인생에서 당신의 역할을 규정해 보아라. 당신은 형제, 남편, 혹은 아내, 부모, 조카, 손자, 상사, 부하, 친구 등의 역할을 하면서 살아가고 있을 것이다. 이 중 당신의 인생에서 가장 중요한 7가지 역할을 생각해 보아라. 그리고 각각의 역할별로 가장 중요한 대상 인물과 그에 대한 당신의 역할을 적어라. 그런 다음 앞으로 있을 당신의 팔순 잔치를 미리 생각해 보아라. 당신의 팔순 잔치에 참가한 사람들은 앞서 말한 각 역할에서 중요한 인물이다. 그렇다면 이들이 당신을 어떻게 인식해 주길 바라는지, 그들이 당신을 위해 무슨 말을 해주기를 바라는지 솔직히 적어 보아라.

**4단계,** 이제 부담 없이 자기사명서 초안을 만들어라. 1~3 단계 준비 과정을 중심으로 쉬지 말고 5분 동안 무엇이든지 써라. 더 이상 쓸 것이 생각나지 않을 때는 무언가가 떠오를 때까지 당신의 펜을 계속 움직여라. 내용에 신경 쓰지 말고 생각나는 대로 써보아라.

**5단계,** 그 다음엔 계속 고치고 다듬어라. 이를 위해 10년, 20년, 30년, 40년 후에 당신이 성취하고 싶은 것들과 되고 싶어하는 사람을 생생하게 그려 보라. 그리고 일기를 써 보고, 당신이 존경하는 인물들의 삶을 연구하라.

**6단계,** 써서 가지고 다니거나, 보이는 곳에 비치하라. 가능한 사명서를 자주 읽어보고 자주 참고하라. 그리고 보이는 곳에 부착해서 시각화를 통해 자극을 주어라 그래서 의사 결정이나 행동을 판가름하는 지침으로 활용하라.

**7단계,** 정기적으로 검토하고 평가하라. 사명서가 나의 마음속에 있는 것을 잘 나타내고 있는가? 삶의 방향과 목적을 제시하는가? 영감을 주는가? 등을 평가하라.

나는 어떤 사람이 되려고 하는가?

어떤 원칙에 따라 삶을 살아가고자 하는가?

이런 식으로 〈자기사명서〉를 작성하는 일 자체가 창조적일 뿐만 아니라 더 큰 것을 발견하는 행동이 될 것이다. 당신에게 정말로 중요한 게 무엇인지를 분명하게 해주고, 당신의 가치관이나 목적을 마음속에 확실하게 각인시켜 줄 것이다. 삶의 목적을 발견하고, 자기 자신을 더 잘 이해하고 사랑하며, 자기의 재능과 관심, 욕망을 발견하게 될 것이다.

당신은 이제 어떤 어려움이 닥쳐도 건재할 수 있고 나아가 위기를 기회의 발판으로 삼을 수 있는 〈삶의 지침서〉를 갖게 된 셈이다.

은퇴시공을 위해선 무엇보다 내가 강해야 하고, 흔들리지 않아야 한다. 철저한 정신으로 무장하지 않으면 안 된다. 미래를 당신의 것으로 만들기 위해 확실한 〈자기사명서〉를 꼭 작성해 보기 바란다.

**자기사명서**

# 버킷 리스트를 작성하라

이 세상에 죽음만큼 확실한 일도 없다. 많은 사람들이 불확실한 것에는 과감하게 투자하면서, 무엇보다 명백한 죽음은 준비하지 않는다. 준비 없는 곳엔 늘 후회가 자리한다. 특히 다시 돌아올 기회가 없는 죽음 앞에서의 후회는 얼마나 사무치겠는가?

죽음은 그리운 사람들과의 이별, 하고 싶었던 일들과의 결별을 의미하지만, 죽음에 대한 인식은 소중한 사람들과의 더 많은 추억과 사랑 나눔, 그리고 하고 싶은 일에 대한 시작의 용기를 제공하는 가장 강력한 단초가 된다.

> 곧 죽을 것이라는 사실을 안다는 것은, 인생에서 커다란 선택을 내리는 데 도움을 주는 가장 중요한 도구입니다. 죽음 앞에서 외부의 기대나 자부심, 좌절과 실패 등은 덧없이 사라지고 정말로 중요한 것만 남습니다. 그래서 죽음은 삶이 만들어 낸 최고의 발명품이며 삶의 변화를 가능케 하는 원동력이라고 생각합니다
>
> - 스티브 잡스

2011년 10월에 작고한 스티브 잡스가 췌장암으로 투병 중이던 때 미국 스탠퍼드 대학 졸업식에서 강연한 죽음에 관한 내용은 그가 남긴 명연설 중에 하나로 꼽힌다.

잭 니콜슨과 모건 프리먼이 주연인 영화『버킷 리스트』가 던져 준 잔잔한 메시지가 떠오른다. 아무도 차별하지 않는 죽음 앞에 다가선 두 사람. 서로 상반된 캐릭터이지만, '지나온 시간을 돌아보고 남은 시간 무엇을 하느냐?'는 고민이 두 사람을 친구로 묶는다.

영화 속에서 잭 니콜슨이 연기한 에드워드는 원하는 건 무엇이든 할 수 있는 억만장자지만, 그동안 돈을 버느라 그가 누린 사생활은 거의 없었다. 사업가로 성공했지만 인생의 재미는 느끼지 못하며 살았다.

모건 프리먼이 연기한 카터는 어릴 적 꿈은 있었지만 가족에 대한 의무감에서 삶의 방향을 바꿨던 인물이다. 그는 가족을 돌보고 자식들을 교육시키기 위해 열심히 일했지만, 자신의 꿈은 포기해야만 했었다.

이 두 사람이 의사의 만류를 뿌리치고 두 사람만의 버킷 리스트를 들고 떠나는 마지막 인생여행에서 남긴 가장 큰 메시지는 은퇴시공을 준비하는 이들에게 강력한 메시지를 전달한다. 둘은 이렇게 말한다.

"우리가 가장 많이 후회하는 것은 살아오면서 했던 일이 아니라, 하지 않았던 일이다."

어차피 후회할 일이라면 살아가면서 꼭 해야 할 일을 해놓고 볼일이다. 그 중에서도 가치있는 일은 꼭 해보는 것이 좋다. 그래야 죽음을 눈앞에 두고 하지 않았던 일들에 대한 후회를 최대한 줄일수 있다. 그동안 가장 가치있게 생각하는 것들에 대한 투자, 헌신, 그리고 공감과 나눔으로 채워진 인생이라면 그만큼 잘 살았다고볼 수 있다.

누구도 피할 수 없는 죽음 앞에서 후회를 줄이는 인생을 살기 위해서 필요한 것이 버킷 리스트다. 죽기 전에 꼭 해보고 싶은 일들을 적은 목록을 말한다. 죽음을 앞둔 사람들이 과거를 돌아보며 후회가 적은 미래를 보내기 위해 세운 단기 목표라 할 수 있다. 곧닥쳐올 죽음을 좀더 적극적으로 대처하려는 능동적인 활동이 바로버킷 리스트 작성이다.

지금 우리에게 주어진 시간이 5분밖에 남지 않았다는 것을 알게된다면 무엇을 할까. 필자는 소중한 사람들에게 지체 없이 전화를할 것이다. 그리고 이렇게 말할 것이다.

"사랑한다. 고맙다, 먼저 떠나서 미안하다. 이제 천국에서 다시 만나자…."

남겨진 시간이 1년이라면, 첫 일주일은 나만의 비전을 압축해서 〈할 수 있는 일〉과 〈할 수 없는 일〉로 나눌 것이며, 할 수 있는 일 중에서도 다른 사람이 해도 무방하거나 가능한 일은 제외할 것이다. 오직 '나'만이 할 수 있는 일과 하지 않으면 크게 후회할 일의 목록을 작성할 것이다. 그 목록에는 가족과의 여행과 많은 대화, 기억나는 친족과 친구들과의 만남, 그리고 마무리 할 수 있는 비전과 목표실천, 유산정리, 임종 기도 등을 기록할 것이다.

만약 그 기간이 10년 연장된다면 유언 업데이트(1년마다 수정 중임), 현재의 비전을 1/5로 압축하여 좀더 현재의 삶에 충실할 것이며, 마지막 1년은 앞에서 말한 '1년'의 계획대로 보낼 것이다.

대부분의 사람들처럼 수명을 다해 늙어 죽게 된다면, 현재와 같이 비전과 목표 설정대로 살아가되, 조금 더 사랑하고, 조금 더 양보하고, 조금 더 베풀고, 조금 더 행복해지기를 선택하며 살겠다.

이런 작심은 지금 당장 실천으로 옮겨야 할 내용이다. 아마도 대부분의 사람들이 바로 실천해야 할 항목이 아닌가 하는 생각이다.

죽음! 이것을 생각하면서 버킷 리스트를 작성해보자.

## 나만의 버킷 리스트 작성하기

(죽기 전에 꼭 해야 할 30가지)

유언장을 만들자

**사랑하는 나의 (        )에게**

## 묘비명을 써보자

**나의 묘비명**

_____

## 영정 사진을 만들자

# 사전 장례의향서를 써라

## 장례의향서(葬禮意向書)

내가 죽은 후, 장례의식과 절차를 내가 바라는 대로 치러주기를 원하는 나의 뜻을 알리고자 이 장례의향서(葬禮意向書)를 작성해 둔다. 나를 위한 장례의식과 절차는 다음에 표시한 대로 해 주기 바란다.

### 1. 기본 원칙

(1) 부고
- 나의 죽음을 널리 알려주기 바란다.(　)
- 나의 죽음을 알려야 할 사람들에게만 알리기 바란다. (　)
- 나의 죽음은 장례식을 치르고 난 후에 알려주기 바란다.(　)

(2) 장례식
- 우리나라 전통장례절차 대로 해주기 바란다.(　)
- 가급적 간소하게 치르기 바란다.(　)
- 가족과 친지들만 모여 치르기 바란다.(　)

## 2. 장례 형식

- 전통(유교)식으로( )

- 천주교식으로( )

- 기독교식으로( )

- 불교식으로( )

- 기타(지정)( )


## 3. 부의금 및 조화를 받는 일

- 관례에 따라 받기 바란다.( )

- 일체 받지 않기 바란다.( )


## 4. 조문객 대접

- 음식을 잘 대접해주기 바란다.( )

- 간단하게 다과를 대접해주기 바란다.( )

- 원거리 조문객에게는 교통비를 지급해주기 바란다.( )


## 5. 염습

- 전통절차에 따라 해주기 바란다.( )

- 하지 말기 바란다.( )


## 6. 수의

- 사회적인 위상에 맞는 전통 수의를 입혀주기 바란다.( )

- 검소한 전통 수의를 입혀주기 바란다.( )

- 내가 평소에 즐겨 입던 옷을 입혀주기 바란다.( )

## 7. 관

- 사회적인 위상에 맞는 관을 선택해주기 바란다.(   )

- 소박한 관을 선택해주기 바란다.(   )

## 8. 시신 처리

- 화장해주기 바란다.(   )

- 매장해주기 바란다.(   )

- 내가 이미 약정한 대로 의학적 연구 및 활용 목적으로 기증하기

바란다.(   )

### 〈화장하는 경우 유골은〉

① 봉안장 (납골당에, 무덤에)

② 자연장 (나무 밑에)

③ 해양장 (바다에)

④ 기타 (   )

### 〈매장하는 경우〉

① 공원묘지에(   )

② 선산(先山)에(   )

③ 기타(   )

## 8. 삼우제와 사십구재

- 격식에 맞추어 모두 해주기 바란다.(   )

- 가족끼리 추모하기 바란다.(   )

- 하지 말기 바란다.(   )

## 9. 기타

영정사진, 장례식장 장식, 배경음악 등에 대한 나의 의견

_____

_____

_____

_____


이상은 장례의식과 절차에 대한 나의 바람이니, 꼭 따라주기 바란다.




년    월    일




작성자              (서명 또는 인)

〈한국골든에이지포럼 발췌〉

# 5 장

# 돈이 안 드는 '은퇴시공 9계'

# 은퇴 나무를 심어라

필자는 매년 10월의 마지막 밤을 자성의 시간으로 보내는 습관을 갖고 있다. 이날 하루만큼은 나를 찾기 위해 상념에 빠져본다. 올해도 어김없이 짧은 시간이지만 나만의 시간을 보냈다. 브레이크 없는 기차처럼 숨 쉴 틈 없이 달려왔던 지난 날, 얻은 것만큼 잃은 것도 많았다는 것을 챙기며 나의 일 년을 점검해 본다.

집 근처에 아름다운 공원이 있어 좋지만 그로 인해 우후죽순으로 생긴 유흥업소는 좀 그렇다. 가끔 주말 새벽에 운동을 나갈 때 보면 밤새 술을 퍼마신 젊은이들의 비틀거리는 모습이 보인다. 그 때마다 참으로 안쓰러운 생각이 든다.

외국과 비교해 보면 우리나라는 술 마시기 좋은 환경을 갖췄다. 강남의 어떤 호프집에는 '토하는 곳'이라는 안내 간판이 있을 정도다. 10년 후가 아닌 1년 후만이라도 생각한다면 청년들이 저럴 수 없다는 생각이 가시질 않는다.

"네가 그 자리에 얼마나 있나 두고 보자!"

이 말은 갑(甲)들에게 당하는 을(乙)들이 벼르는 말이다. 그럼에도 갑은 직책을 이용해서 마음껏 갑질을 한다. 자신의 자리가 언제나 영원할 것처럼 한치 앞을 내다 보지 못한다.

갑질은 어떻게든 회사뿐만 아니라 본인에게도 안 좋은 영향을 끼친다. 당연히 갑질하는 자리가 영원할 수 없다.

"그 놈 짤렸습니다."

오죽하면 엊그제까지 "예, 예"하던 협력사의 사장이 갑질하던 상대가 회사에서 잘렸다는 소리에 이렇게 말하며 희색이 만연할까? 1년도 있지 못할 자리 갑질로 채우며 스스로의 인생을 나락으로 떨어뜨리는 일은 하지 않았으면 좋겠다.


"한국을 봐라, 믿을 수 없는 대단한 성장스토리를 완성한 국가
다."


미국 오바마 전(前)대통령과 케리 국무장관이 극찬한 나라지만, 정작 우리 국민은 시계는 많은데 늘 시간이 없다고 볼멘소리다. OECD국가 중 자살률 1위, 교통사고율 1위, 최고 수준의 노인 빈곤율이라는 어두운 그림자가 안타깝다.

'이스털린의 역설'에 의하면 소득이 일정 수준을 넘으면 소득과 행복의 관계는 미미해 진다고 한다. 이제 우리도 잠시 멈추고 시

간을 내 것으로 삼고 최소한 1년짜리 〈인생 설계도〉라도 작성하는 여유를 좀 가졌으면 한다.

은퇴시공도 블랙스완(Black Swan)의 시대, 즉 과거의 경험만으로 예측이 불가능한 시대를 맞고 있다. 지금의 모습을 소중히 여기고 지금을 바탕으로 미래를 준비해야 한다. 1년 단위로 은퇴시공을 착실히 하면 10년, 20년 동안 끄덕없을 공든 탑을 세울 수 있다.

지금부터 은퇴탑을 쌓아보자. 내 인생의 공든 탑을 쌓아가는 것이다. 먼저 1년짜리 탑의 청사진부터 짜보자. 1년짜리 청사진도 없는데 은퇴플랜을 짜는 일은 힘든 일일 수밖에 없다.

원대한 꿈을 갖고 거창한 목표를 세우지만 엄두가 안 나 시작도 못하고 포기했다는 사람들이 많다. 왜 엄두가 나지 않을까? 해야 할 일이 너무 엄청나게 느껴져 도저히 해낼 수 없을 것이라고 지레짐작하기 때문이다. 하지만 소수의 성공한 사람들은 다르다. 그들은 남들이 엄두도 내지 못한 일들을 잘게 쪼개 당장 할 수 있는 작은 일부터 찾아낸다.

어떤 일을 아무래도 못할 것 같은 생각이 들면 우선 만만한 일부터 시작하고 엉망으로 해도 좋다고 쉽게 생각하자. 그리고 그 일과 관련된 쉽고 작은 일 하나를 찾아내서 지금 당장 시작하자. 어떤 일이든 일단 시작만 하면 신기하게도 그 다음부터는 누에고

치에서 실이 나오듯이 술술 풀리는 경우가 많다.

처음에 의욕이 없더라도 일단 시작하면 의욕은 생겨난다. 의욕이 있건 없건 어떤 일을 시작하면 우리 뇌의 측좌핵(Nucleus accumbens) 부위가 흥분하기 시작해 점점 더 그 일에 몰두할 수 있게 의욕을 만들어주기 때문이다. 하기 싫던 일도 일단 시작하기만 하면 그것이 흥분을 유발시켜 그 일을 계속하도록 만드는 이런 정신현상을 '작동 흥분 이론'이라고 한다.

말에게 물을 먹이려면 일단 물가로 데려가면 된다. 목이 마르지 않은 말도 일단 물가로 데려다 놓으면 언젠가 물을 마시게 된다. 물가에 있다는 사실 자체가 말로 하여금 물을 마시게 하는 모멘텀을 제공한 것이다. 이처럼 행동 변화를 일으키는 계기를 심리학에서는 행동 모멘텀이라고 하며 작은 계기를 모멘텀으로 활용해 큰 변화를 실행하게 하는 행동수정 기법을 '행동 모멘텀 기법'이라고 한다.

모든 변화는 저절로 움직이는 자가추진력을 갖고 있어 아주 작은 변화가 또 다른 변화를 일으킨다. 그러므로 엄두가 나지 않은 일을 착수하는 가장 좋은 전략은 일단 작은 일부터 시작하는 것이고 꿈을 이루기 위해 우리가 취할 수 있는 첫 번째 조치는 당장 실천할 수 있는 최소 단위의 일을 찾아내는 것이다.

- 아주대 이민규 교수 칼럼에서

아무리 큰 문이라도 작은 열쇠로 열리는 게 세상의 이치다. 행복한 은퇴생활을 위한 것도 처음엔 설계부터 시작하면 된다. 설계도 없이 시공이 있을 수 없다. 지금부터 은퇴시공을 위한 은퇴 탑을 만드는 설계도를 구성하는 노하우를 익혀보자.

〈My Retire Tree Making 5〉, 즉 나의 은퇴 나무 그리기 5단계를 배워보자.


첫째, Dream(꿈) 그리기 단계로 마감날짜를 분명히 하라. 누구나 꿈은 꿀 수 있지만 그 꿈은 저절로 이루어지는 게 아니라 만들어가는 것이다. 꿈은 그것을 이루기 위해 노력하는 사람이 받는 〈인생의 선물〉이다.

생각해 보자. 당신이 꾼 꿈 중에 얼마나 이뤄졌는가? 거의 99%는 물거품처럼 사라졌을 것이다. 어린 시절에 꾸었던 꿈을 생각해 보라. 대통령, 법관, 간호사, 소방대원, 형사, 장군, 의사, 약사, 선생님 등등. 그때 꾸었던 꿈을 그대로 이루고 사는 사람이 얼마나 될까?

이뤄지지 못한 꿈에는 〈날짜 또는 마감 기한〉이 없다. '의사가 되겠다, 장군이 되겠다, 과학자가 되겠다, 세계 일주를 하겠다.' 이런 꿈에 언제까지 하겠다는 마감 날짜를 한정한 이들이 얼마나 될까? 꿈을 이루고 싶으면 먼저 날짜를 분명히 해야 한다.

〈Dream + 날짜 = Goal (목표)〉

직장인들은 월별, 주간별 목표에 달성하고자 하는 목표 날짜를 분명히 기록한다. 마감일이 되면 그 목표달성을 확인하느라 바쁜 날을 보낸다.

필자는 한국경제신문 커뮤니티에 매주 1~2 꼭지의 글을 써야 하는 날짜를 분명히 기억한다. 마감을 지키느라 어떻게든지 글쓰기를 해내고 만다. 데드라인, 즉 마감 시한이 주는 큰 힘이다. 당신이 성공을 위해 가장 먼저 해야 할 일은 큰 꿈을 꾸는 것으로 그치지 말고, 그것을 이루겠다는 마감 날짜부터 분명하게 기록할 수 있어야 한다.

둘째, 목표를 분명히 하는 단계로 반드시 글로 기록하라. 꿈에 마감 시한을 더해서 목표를 설정했는데도 잘 이뤄지지 않는다는 이들이 있다. 목표라는 것에는 휘발성이라는 나쁜 성질이 있기 때문이다. 이 휘발성을 방지하기 위해서 반드시 글로 기록해 놓아야 한다. 목표를 구체적으로 적는 사람이 성공한다. 날짜를 꼭 담아서 적어놓고 시각화해야 한다. 그리고 '본다 → 한다 → 된다'라는 〈3다 법칙〉을 믿고 밀어붙어야 한다.

셋째, 계획(Plan)을 구체적으로 세워야 한다. 먼저 체크리스트로 맘을 옹골차게 다져보자.

## 목표 설정 체크리스트

- 내가 세운 목표를 성취하고 싶은 강렬한 요구가 있는가?

- 누가 뭐라고 해도 "꼭 해내고야 말겠다"는 용기와 의지가 있는가?

- 내가 어디에 서 있는지를 생각하고 있는가?

- 내가 되고 싶은 것을 머리 속으로 그릴 수 있는가?

- 달성 시한이 명확하게 적혀 있는가?

- 누구한테 언제든지 자신 있게 설명할 수 있는가?

---

체크리스트에 '예스'라고 답할 수 있으면 당신은 멋진 은퇴설계자가 된 것이다.

다음으로 당신이 세운 목표를 보자. 너무 멀지 않은가? 너무 큰 목표가 아닌가? 어떤 목표든 단숨에 갈 수는 없다. 그래서 단계별 목표를 세워야 한다. 마라톤을 생각하며 구간별로 나누어 보자. 계획(Plan)은 당신이 세운 목표를 나누는 일이다.

〈계획(Plan) = 목표(Goal) ÷ 시간(Time)〉

1야드는 어렵지만 1인치는 쉽다. 한순간, 한꺼번에 모든 것을 달성할 수는 없다. 작은 목표든 큰 목표든 그것을 일단 잘게 나누어라. 나누면 쉬워진다.

넷째, 행동(Action)으로 바로 옮겨라. 전술과 전략이 아무리 좋아도 행동하지 않으면 아무 소용이 없다. 결과를 빨리 보려면 그것을 해보자. 행동은 계획에 대한 믿음이 있어야 한다.

〈행동(Action) = 계획(Plan)+ 믿음(Believe)〉

이 공식을 잊지 말자.

아름다운 연못 가운데 큰 바위가 있고, 그 위에서 개구리 일곱 마리가 정답게 개굴개굴 거리며 한적하게 놀고 있다. 그때 개구리는 모두 연못에 뛰어 들기로 마음 먹었다. 10여분이 지났다. 바위 위에는 개구리가 몇 마리 남아 있을까?

결과는 아무도 알지 못한다. 일곱 마리 중에 마음은 먹었지만 행동으로 옮긴 개구리가 얼마나 되는지 모르기 때문이다. 결심하고 행동하지 않으면 바뀌는 것은 아무 것도 없다. 성공은 행동하는 자에게 찾아오는 선물이다.


다섯째, 습관을 들일 때까지 끈기있게 반복하라. 성공의 95%는 습관이다. 성공하는 이들은 좋은 습관을 가진 자들이다. 따라서 성공하려면 좋은 습관을 들여야 한다. 보통 하나의 습관을 만드는 데는 21일이 걸린다고 한다. 즉 21일 동안 꾸준히 반복을 해야 한다는 것이다.

〈습관(Habit) = 행동(Action) × 행동(Action)〉

습관을 들이기 위해서는 끊임없이 행동하는 끈기가 필요하다.

| My Retire Tree Making 5 | |
|:---:|:---|
| 1 | 꿈 그리기 마감날짜를 분명히 하라<br>Dream + 날짜 = Goal (목표) |
| 2 | 꿈을 글로 기록하라<br>본다 -〉 한다 -〉 된다 |
| 3 | 계획을 구체적으로 세워라<br>계획(Plan) = 목표(Goal) ÷ 시간(Time |
| 4 | 바로 행동하라<br>행동(Action) = 계획(Plan)+ 믿음(Believe) |
| 5 | 습관이 들도록 끈기있게 반복하라<br>습관(Habit) = 행동(Action) × 행동(Action) |

아무리 좋은 은퇴시공, 〈My Retire Tree Making 5〉이라도 당신이 직접 하지 않으면 아무 소용이 없다. 지금 바로 시작하자. 당신의 은퇴나무에 당신이 '하고 싶고, 갖고 싶고, 되고 싶은 것' 등을 담아 보자.

인생의 비극은 목표에 도달하지 못한 데 있는 것이 아니라 도달하려는 목표가 없는 데 있다.

Do it Now!

지금 당장 당신의 은퇴 나무를 심자!

# 당신의 보장자산을 챙겨라

미국 카네기 공과대학에서 인생에 실패한 사람 1만 명을 대상으로 조사를 했는데, 이 중의 85%가 실패원인으로 '원만치 못한 인간관계'를 든 것으로 나타났다. 보스턴 대학의 헬즈만 교수는 7세 어린이 450명을 선정해서 40년 동안 관찰했다. 40년 후 이들의 사회·경제적 지위를 조사했더니 '타인과 어울리는 능력'을 가진 사람이 성공한 것으로 나타났다.

두 조사 결과는 사람이 성공하는데 대인관계가 중요하다는 것을 알려준다. 아무리 지식이나 능력이 탁월해도 그것을 다른 사람과 함께 풀어내지 못하면 성공과 거리가 먼 길을 가게 된다.

"저 사람은 능력도 있고 인간성도 좋은 사람이야."

"세상에서 가장 값진 투자는 사람 만나는 일에 투자하는 것이다."

성공은 개인의 능력만으로 되지 않는다. 상대방에게 좋은 사람이라는 이미지를 심어줘서 함께 해나갈 수 있어야 한다. 즉 휴먼

네트워킹(Human Net-Working)에 관심을 갖고 배워나가야 한다. 성공하는 사람들은 '실력+α'를 갖추고 있다. 이 α는 휴먼 네트워킹을 통해 든든한 '人프라'를 갖춰야 채워갈 수 있다.

인간의 자산 중엔 가장 소중한 보장자산은 '인적 자산'이다. 지금 한번 한 해 동안 받은 명함철을 꺼내보자. 의미없는 만남일지라도 지난 몇 개월 간 만난 사람들과 커뮤니케이션이 얼마나 이루어졌는지 점검해 보자.

"세상 모든 사람들은 여섯 사람만큼만 떨어져 있다."

- 극작가 존 궤어

사람을 중개자까지 포함해서 누구든 손가락으로 헤아릴 수 있는 단계를 거쳐 끝까지 가면 대통령에게까지 연결될 수 있다. 지금 당신에게 가장 소중한 일은 업무의 인맥을 성공 수첩에 담는 일이다.

가족과의 대화와 친구들과의 교류는 나를 더 부자로 만들어주지 않지만, 내가 더 행복한 삶을 살도록 만들어줄 수 있다. 특히 가족들과는 은퇴 후 오랫동안 같이 있을 것이기에, 그때 가서 대화하면 되지라고 생각해서는 안 된다. 자녀가 어렸을 적부터 함께 대화하는 시간을 갖지 않는다면 은퇴 이후에는 서로 어색해서 대화를 할 수가 없다. 이때 자녀 경제교육을 병행할 것을 추천한다. 어릴 때부터 돈에 대한 개념을 심어 줌으로써 자녀가 미래 계획에 쓸 수 있는 목돈을 스스로 준비하는 습관을 들일 수 있으며, 이는 더 긴 안목에서 부모와 자식 간에 좋은 관계를 유지시켜 준다.

친구는 가급적 같은 취미나 관심사를 가진 친구를 가까이하는 것이 좋다. 은퇴 후에는 즐거운 만남을 이어가야 한다.

- CNB NEW에서 발췌

당신의 네트워크지수, 즉 보장자산지수를 측정해 보자. 다음 문항을 읽고 자신의 생각에 가까운 항목을 선택한 뒤 자신이 선택한 항목에 해당하는 숫자를 모두 더해보자. 그것이 당신의 네트워크지수다.

## 네트워크지수 측정하기

| A | 상대방이 내 합리적인 의견을 받아들이지 않을 때 |
|---|---|
| | 1. 상대방이 내 의견을 이해할 때까지 인내심을 갖고 설득한다. |
| | 0. 합리적인 의견을 받아들이지 못하는 사람과는 더 이야기할 필요가 없다. |
| | 1. 내 의견이 정말 합리적인지 다시 생각해 본다. |
| | 2. 상대방에게 생각할 시간을 주고 다음날 다시 이야기한다. |
| B | 술자리에 남성 팀원이 여성 팀원을 비하하는 농담을 했을 때 |
| | 0. 농담이므로 넘어간다 |
| | 0. 조용히 혼자 불러내 꾸짖는다 |
| | 2. 다시는 그런 일이 없도록 모두 있는 자리에서 꾸중을 한다 |
| | 0. 그 부하 팀원의 약점을 비하하는 농담으로 되돌려준다 |

| | |
|---|---|
| C | **사장인 나를 제외한 모든 직원들이 곤경에 처한 회사를 청산하자고 한다면** |
| | 0. 직원들을 내보내고 다른 직원을 뽑는다. |
| | 0. 회생할 수 있는 가능성을 있을 거라며 직원들을 설득한다. |
| | 2. 직원들의 의견에 따라 회사를 정리한다 |
| D | **자금난에 처한 친구가 연대보증을 부탁할 때** |
| | 0. 조건 없이 들어준다 |
| | 1. 친구간의 돈 거래는 단호하게 거절한다. |
| | 2. 보증 대신 자신의 여유자금을 빌려준다 |
| E | **나는 1년에 몇 번 친구나 동료 집으로 초대를 받는가?** |
| | 2. 3번 이상 |
| | 1. 1번~2번 |
| | 0. 없다 |
| F | **나는 길을 가다 누가 질문을 하면 제자리에 멈추어 서서 대답한다.** |
| | 2. 언제나 그렇다. |
| | 1. 바쁘지 않을 때는 그렇다. |
| | 0. 계속 걸어가며 대답한다. |
| G | **나에게 은밀하고 난처한 문제를 상담하는 친구가 있다** |
| | 1. 예 |
| | 2. 아니오 |
| H | **나는 사업상 친구나 동료를 다른 사람에게 소개하는 경우가 있다** |
| | 2. 자주 있다 |
| | 1. 가끔 있다 |
| | 0. 없다 |
| I | **나는 알면서도 모르는 척 겸손한 편이다.** |
| | 1. 예 |
| | 0. 아니오 |

| | |
|---|---|
| **J** | **나에겐 친구나 동료와 함께 하는 취미가 있다.**<br><br>1. 예<br>0. 아니오 |
| **K** | **나는 손해를 무릅쓰고 남을 돕는다.**<br><br>0. 언제나 그렇다<br>1. 가끔 그렇다<br>0. 손해보면서 남을 돕는 것은 바보짓이다 |
| **L** | **화가 나거나 울적할 때 언제라도 함께 할 친구가 있다**<br><br>1. 예<br>0. 아니오 |
| **M** | **나는 유머에 자신이 있다**<br><br>1. 예<br>0. 아니오 |
| **N** | **친구 차를 타고 가다가, 갑자기 끼여 든 차 때문에 친구가 화가 났을 때**<br><br>0. 어차피 사고는 나지 않았느냐고 진정시킨다<br>1. 친구가 좋아하는 음악 테이프를 틀어 준다<br>1. 친구와 함께 상대 차에 욕을 퍼붓는다<br>2. 상대 차에 급한 사정이 있을 거리고 진정시킨다 |
| **O** | **영업사원인 당신이 한 달 동안 접촉한 고객에게 모두 거절을 당했다면**<br><br>0. 오늘 일은 잊고 내일은 운이 따를 거라 생각한다<br>0. 나의 영업 능력을 면밀히 검토해 본다<br>2. 다음 접촉 때는 다른 방식으로 접근해 본다<br>0. 내 적성에 맞는 다른 직종을 찾는 것이 낫겠다 |
| **P** | **거래처 사무실에서 상대와 타협하기 어려울 정도의 감정적인 언쟁이 벌어졌다면**<br><br>2. 30분 정도 쉬었다가 다시 이야기한다<br>1. 언쟁을 멈추고 즉시 돌아간다<br>0. 상대에게 먼저 사과하고 상대에게도 사과할 것을 요구한다<br>0. 감정적인 논쟁을 멈추고 업무 이야기로 돌아가자고 제안한다 |

| | |
|---|---|
| Q | **나는 다른 친구와 동료들 간의 마찰에 끼어든다.**<br><br>1. 언제나 그렇다<br>2. 가끔 그렇다<br>0. 절대 끼어들지 않는다 |
| R | **내가 속한 조직 내에서 나에게**<br><br>1. 동조하는 사람이 더 많다<br>2. 반대하는 사람과 동조하는 사람이 반반쯤 섞여 있다<br>1. 반대하는 사람이 더 많다<br>0. 동조하는 사람도 반대하는 사람도 없다 |
| S | **술자리에서 전에 들은 이야기를 다시 늘어놓는 친구, 동료에게**<br><br>1. 화제를 돌린다<br>2. 끝까지 들어준다<br>1. 전에 들은 이야기라고 말해 준다 |
| T | **나는 상대방에게 화가 났을 때마다**<br><br>0. 나는 절대 화를 내지 않는다.<br>2. 매번 화가 난 감정을 전달하지만 이성은 잃지 않는 편이다.<br>1. 자주 화를 내지 않지만 가끔씩 이성을 잃고 폭발하는 경우가 있다. |
| U | **나는 친구나 동료의 경조사에**<br><br>2. 결혼식과 장례식에 빠지지 않고 참여한다<br>1. 결혼식은 몰라도 장례식엔 꼭 간다<br>0. 친한 사람의 경조사엔 가끔 참여한다 |
| V | **전공, 경력과 무관한 새로운 일자리를 제안 받았을 때**<br><br>1. 새로운 일엔 망설이는 편이다<br>0. 경험 없는 일은 무조건 거절한다<br>2. 새로운 일은 무조건 흥미롭다 |
| W | **빠져나가기 불가능한 곤경에 처했을 때**<br><br>1. 빨리 포기하고 운명을 받아들이는 게 낫다<br>2. 하늘이 무너져도 솟아날 구멍은 있다 |

**진단 방법**

각 항목의 합이 '32~38'인 사람은 네트워크지수가 매우 높은 편이다. 이런 사람은 소위 마당발인 경우가 많으며 자신의 휴먼네트워크 내에서 허브 역할을 하는 인물일 것이다.

네트워크지수가 20 이하인 사람은 휴먼네트워크 관리가 거의 안되고 있는 경우에 해당한다. 반성과 더불어 노력이 필요하다.

은퇴란 자연적으로 과거 조직 사회와 단절이 되면서 새로운 관계 형성을 필요로 한다. 서양의 문화와 달리 우리나라는 지나칠 정도로 직장중심의 관계 문화 속에서 인생 2막을 살아가는 구조다. 따라서 인생 3막을 위해서는 새로운 관계 형성이 절대적으로 필요하며 이것이 잘 되지 않을 경우에는 아내 의존형 인간으로 변해 아내에게는 엄청난 스트레스 요인이 된다.

종교 활동, 지역사회활동(마을기업, 협동조합), 취미활동 등 새로운 분야에서 새로운 관계를 형성하여 인생 3막을 산다면 은퇴시공은 행복으로 장식할 수 있을 것이다.

앞으로 휴먼네트워크의 위력은 증가할 것이다. 세상이 점점 더 복잡해지고 경쟁이 치열해지면서 한 사람이 역량을 발휘하는 분야가 협소해지기 때문이다. 따라서 당신이 성공하려면 당신만의 휴먼네트워킹, 즉 인맥을 구축해야 한다. 탄탄한 인맥은 천재의 재능보다 훨씬 낫다. 당신의 보장 자산을 챙겨라.

# 엔딩노트를 만들어라

6.25참전 용사로 평생을 병마의 고통 속에 사시던 아버님께서 돌아가실 때의 일이다. 안동의 한 중환자실에서 3개월 계셨는데 한 달 병원비가 평균 900만 원이 넘었다. 물론 아버님은 국가유공자 혜택으로 일부만 부담해서 다행이었다. 고향 이웃에 사는 작은집 사촌형제는 2년째 계속 입원 중인 아버지 때문에 허리가 휘청이고 있다. 국가유공자 혜택도 받을 수 없으니 그 고통을 그대로 안고 살아야 했다.

아버님이 중환자실에 계실 때는 제대로 치료를 못해드리면 평생 죄책감을 갖고 살아야 할 것만 같았다. 담당 의사는 결코 사시지 못할 거라고 매정하게 말했지만 동방예의지국, 특히 대표적 유교도시 안동, 영주에서 치료중단 선언은 거의 불가능한 분위기였다.

우리나라는 연명치료로 엄청난 비용을 지출하고 있다. 연세대 손명세 보건대학원장의 자료에 의하면 우리가 평생 지출하는 의료비의 절반을 죽기 전 한 달 동안, 25%를 죽기 전 3일 동안에 쓴다고 한다.

죽음은 출생과 달리 준비할 기회가 있다. 물론 급작스런 사고는 어쩔 수 없다지만, 그럼에도 불구하고 대부분의 죽음은 스스로 결정해서 스스로 마감할 수 있어야 한다. 지금은 죽음을 미처 준비하지 않으면 원하지 않는 엄청난 비용을 들여야 한다.

요즘 중환자실에는, 특히 요양병원에는 나이 드신 중환자들이 산소 호흡기에 각종 링거주사를 주렁주렁 매단 상태에서 생의 마지막을 힘겹게 보내고 있는 모습을 볼 수 있다. 소위 죽고 싶어도 마음대로 죽을 수 없는 사람들이다.

게다가 우리나라에서는 암세포가 전신에 퍼진 말기 암환자에게 수술을 하는 경우가 부지기수다. 무거운 치료비, 무의미한 수명연장, 병원의 이익을 위해서 권하는 줄은 알지만, 그럼에도 자식된 도리로서 마지막 효도라도 해야겠기에 참으로 거절하기 어려운 제안이 수명연장 수술이다.

'이건 아닌데….'

속으로는 이렇게 생각하면서 그렇게라도 해야만 부모에 대한 자식의 도리라고 생각하는 사람들이 많다. 자식들의 효심(?), 체면치레(?), 또는 최선을 다해 모셨다는 자식들의 자기위안(?)이 빚는 비극일 수 있다. 따라서 그렇게까지 하지 말자고 주장하기는 아직 어려운 상황이다. 웰빙에 목숨 거는 사람들이 늘어나고는 있지만 웰다잉에 대한 인식은 선진 40개국 중에 33위인, 우리나라 현실에서는 어쩌면 말도 꺼내기 어려운 일인지도 모른다.

하지만 이제는 당신이 먼저 웰다잉을 이야기해야 한다. 단지 자식들에게 경제적 고통을 안겨주는 일을 예방하는 것만이 아니라, 당신 스스로 생을 아름답게 마감하는 의연한 모습을 보이기 위해서라도 웰다잉을 이야기해야만 한다.

어차피 세월은 멈춰주지 않는다. 산소호흡기가 아무리 생명을 연장해 준다고 해도 죽음은 피할 수 없다. 차라리 잘 죽는 것이 자식들에게 경제적 부담을 안겨주지 않을 뿐만 아니라 뒷모습까지 깨끗하게 보일 수 있으니, 우리는 모두 깔끔한 은퇴시공 종결자가 되기 위해 노력해야 한다.

삼성생명 은퇴연구소 박기출 소장은 다음과 같이 웰다잉의 중요성을 강조하고 있다.

죽음은 누구도 피할 수 없다. 아무런 집착과 아쉬움 없이 홀가분하게 삶을 마감하는 것은 모두의 희망사항이다. 100세 시대가 눈앞으로 다가오면서 잘 사는 것(well-being)만큼 삶을 잘 마무리하는 법(well-dying)에 관한 관심이 커지고 있다.

아직도 사람들은 죽음이라는 단어를 접했을 때 두려움부터 느긴다. 심지어 죽음을 대화 주제로 삼는 것조차 꺼린다. 하지만 죽음을 인정한다는 것은 자신의 삶을 인정한다는 것과 같은 의미다. 죽음을 기꺼이 받아들여야만 삶을 아름답고 품위있게 마무리하는 방법을 고민할 수 있다. 어디서, 누구와, 어떻게 삶을 마무리할 것인지는 잘 먹고 잘 사는 것만큼 중요하고 값진 일이다.

먼저 죽음은 내 문제이면서 동시에 나와 관계 맺고 있는 모든 사람의 문제라는 점을 인식해야 한다. 일본은 '엔딩 노트'를 쓰는 게 일반화돼 있다. 여기에는 장례 방법부터 시작해 시신 처리, 유산 배분과 가족이나 친지 등 사랑하는 사람들에게 남기고 싶은 말, 생명 연장 치료를 받을 것인지 등 죽음과 관련된 모든 게 기록돼 있다.

어느 날 갑자기 스스로 판단 능력이 없어지거나 의견을 표현할 수 없는 상황을 대비하는 것이다. 그랬을 때 원하는 진료와 치료 내용 등에 대한 자신의 소신을 남겨 놓자는 취지다. 자신이 맞이하고 싶은 죽음의 방식을 미리 정해 놓는 것이다.

이렇게 구체적으로 자신의 죽음에 대한 의사 표시를 해두면 남은 가족에게 도움이 될 뿐만 아니라 이 과정에서 삶의 소중함을 스스로 깨닫기도 한다. 죽음을 담담하게 받아들이는 태도는 남아 있는 삶을 잘 마무리하기 위해 꼭 필요한 과정이다. 행복한 노후 설계의 마무리는 죽음에 대한 계획으로 이어진다.

인간으로서 존엄성을 유지하면서 편안하게 가족에게 둘러싸여 마지막 작별 인사를 나누고 아름답게 떠나는 '웰 다잉'이 없다면 진정 행복한 삶을 살았다고 말하기 어렵지 않을까.

- 한국경제신문에서 발췌

2008년에 고인이 된 김수환 추기경은 병세가 급격히 악화되자 기본적인 영양섭취를 제외한 일체의 기계적 치료를 거부했다. 의식을 잃기 전 마지막 순간에 연명치료를 중단할 뜻을 분명히 밝혔다.

"내 발로 화장실을 드나들다 생을 마치고 싶다."

그는 80세 기념미사에서 이렇게 밝힌 바 있다. 그리고 스스로 의지를 세워 마지막을 선택한 아름다운 선종으로 장식했다.

최근에는 연명치료를 거절한다며 '사전의료의향서'를 작성하는 시민들이 53만 건에 이른다고 한다. 무의미한 연명치료의 거절, 시기, 작성자, 증인 서명 등의 내용을 담고 있다. 2009년 시작한 사전의료의향서 실천모임이 활성화 되면서 의료계, 법조계, 학계, 종교계, NGO 관계자들이 두루 참여한다고 한다. 본인의 의사에 따라 품위있게 죽음을 선택하는 이들이 늘고 있는 것이다.

이제 '웰 다잉'을 위한 제도적 장치도 마련해야 한다. 연명치료를 중단해야 가능한 존엄사(소극적 안락사)도 법적으로 인정해야 한다. 죽음이 불가피할 때 자기결정권이 우선한다는 대법원 판례도 있다.

은퇴시공도 사전의료의향서를 받아 들여 적극적인 홍보와 교육에 나서야 한다. 이제 평온하게 죽음을 맞고 연명치료에 대한 의사표시를 할 때가 되었다.

며칠 전 숨진 여든다섯 살 김홍춘 씨는 25일 수의(壽衣) 대신 평소 입던 양복을 입고 가장 값싼 관(棺)에 실려 화장장으로 떠났다. 부음(訃音)도 꼭 알릴 사람에게만 알려 빈소가 차분했다. 모든 장례 방식과 절차는 김 씨가 숨지기 열흘 전 아들에게 건넨 사전 장례의향서대로 진행됐다. 김씨는 장례의향서에 부고 범위부터 수의와 관 선택까지 구체적 사항을 유서처럼 써뒀다.

장례의향서 쓰기는 고령자의 바람직한 여생을 돕는 시민단체 한국골든에이지 포럼이 작년부터 벌이는 캠페인이다. 의향서는 가족이 고인의 뜻에 따라 장례를 간소하고 경건하게 치를 수 있게 해준다. 지금까지 1만 여명이 장례의향서를 작성했고 김 씨가 의향서대로 장례를 치른 첫 사례라고 한다.

- 조선일보 '사설' 중에서

지금부터 은퇴시공을 행복하게 장식하기 위해 아름다운 마무리 〈엔딩 노트〉를 작성해 보자.

틈나는 대로 뷰티 풀 엔딩을 준비하자.

## 내 인생의 엔딩노트

무의미한 연명치료의 거절 의사표현

년    월    일

작성자 :            인

# Youtory! 당신의 이야기를 만들어라

　건설현장에서 근무할 때 필자는 갑이 참으로 부러웠다. 갑이 마음만 먹으면 안 되는 일이 거의 없던 시절이었다. 주로 발주자인 공무원 아니면 공기업 직원이 갑이었다. 그때는 병이라는 하도급자나 자재 납품업자 등도 있었는데, 갑의 위세는 정말 누구나 부러울 지경이었다. 오죽하면 시공사 생활이 너무 힘들어 '갑'은 아니지만 '갑'과 유사한 감독업무 등을 하는 감리회사에 남몰래 이력서를 내기도 했을 정도였을까?

　물론 지금은 많이 좋아진 것으로 알고 있다. 경제민주화가 되면서 간혹 갑의 횡포를 폭로하는 기사들을 볼 때면 격세지감을 느끼곤 한다.

　어쨌든 필자는 30년의 세월을 건설현장에서 을로 생활해왔다. 그렇게 인생에서 갑질을 배우지 않아 노후가 편안한지 모르겠다. 건설현장의 경험을 바탕으로 은퇴시공이라는 글을 쓰고 있는 지금의 내 모습이 마냥 뿌듯하기만 하다.

75세의 나이로 일본의 최고 권위 신인문학상 아쿠타가와 상을 수상한 구로다 나쓰고는 글쓰기와 결혼했다고 한다. 그녀로 인해 일본에서는 은퇴 후 글쓰기 붐이 일어날 정도였다. 필자가 은퇴시공에서 글쓰기를 중요하게 여기는 이유도 여기에 있다.

글쓰기는 정신적 상처와 불안정한 심리를 치유하는데 특효약이기도 하다. 마음 속에 억압된 감정의 응어리를 글쓰기를 통해 외부에 드러내는 것만으로도 마음의 안정을 주는 효과가 있다.

"치매 환자가 꾸준히 글쓰기를 하면 대뇌 전체가 활성화돼 인지 기능이 향상 된다."

여의도 성모병원 재활의학과 원선재 교수의 말은 은퇴시공에 시사하는 바가 크다. 김기택 시인은 "말을 몸 안에 가두고 참기만 하면 욕이 되거나 짜증, 폭력, 병 등의 괴물이 되지만 그것을 글로 표현하는 일은 '내면에게 햇빛을 쐬어 주는 일'이 된다"고 한다. 『치유의 글쓰기』 저자 셰퍼드 코미나스는 "글쓰기 습관에 충분한 시간을 부여하는 것이 최고의 자기 배려"라고 한다.

자신이 쓴 글을 타인이 읽어주고 느낌을 전해올 때 발주처 갑이 아닌 진정한 내 자신의 갑이 되었다는 뿌듯함이 생겨난다. 글쓰기를 시작하면 언제나 새로운 상상에 몰두하고 신문 방송뿐만 아니라 사소한 광고판 하나도 허투로 지나치지 않게 된다. 내 인생의 갑이 되어 당당하게 세상의 주인공으로 삶을 살게 된다.

필자는 글을 쓰면서 현직에서 못다 이룬 갑의 꿈을 이뤘다. 그래서 퇴직자들에게 '글쓰기'로 인생 2막을 펼쳐보라고 적극 권하고 있다. 내 인생의 갑이 되는 글쓰기, 마음만 먹으면 누구나 할 수 있는 일이다.

최현만 미래에셋대우 부회장은 도전과 개척정신 함양을 위한 대안으로 글쓰기를 내세우며 이런 식으로 말했다.

"무엇보다 여러분이 처한 현실과 환경을 직시하는 것이 제일 중요하다. 글쓰기를 잘하려면 내가 먼저 많이 읽고 대화를 해야 한다. 결국 깊이 있는 글쓰기만큼 현실 인식에 중요한 수단은 없다. 그래서 신입사원들에게 늘 글쓰기를 권장한다. 실제 면접 현장에서 글만 봐도 그 사람이 살아온 삶을 정확하게 꿰뚫을 수 있다."

이를 바탕으로 필자는 '살면서 필통(筆通)되기'를 강조하고 있다. 인생 후반전 내 인생의 주인공이 되기 위해 한번 도전해보자. 방법은 다음처럼 아주 간단하다.

첫째, 아이템을 정하라. 아이템은 지금 하고 있는 일이나 당신이 좋아하는 일에서 찾으면 된다. 지금 하는 일이 홍보 업무라면 기업문화, 기업혁신, 사내 커뮤니케이션 등을 다루면 좋다.

둘째, 많이 읽어라. 글쓰기는 모방으로부터 시작이다. 모방을 많이 한 사람이 창의적인 글도 쓸 수 있다. 그 기초를 다지는 것이 바로 많은 책을 읽는 것이다. 따라서 잘 쓰고 싶으면 많이 읽어야 한다.

셋째, 좋은 글을 필사하라. "좋은 글 베껴 써 보세요. 나는 워드 프로세서 익히느라 알퐁스 도데의 '별'과 이효석의 '메밀꽃 필 무렵'을 200번씩 베껴 썼습니다." 지금까지 330만부가 팔린, 국내 인문서 최초의 밀리언셀러 작가인 유홍준 교수가 밝힌 글쓰기 비결이다. 좋은 글을 필사하면서 당신의 생각을 첨삭을 해보라. 내 생각을 넣어도 좋고, 아니면 글 일부를 삭제하고 내 글로 변형해도 좋다. 꾸준히 연습하다 보면 저절로 필력이 늘어나는 자신을 느낄 수 있다.

넷째, 말하듯이 써라. 당신만의 생각이나 이야기를 일정한 패턴에 담아보라. 글쓰기는 생각을 글로 표현해서 독자에게 뜻을 전달하는 것이다. 독자에게 뜻이 정확히 전달되는 글이 좋은 글이다. 따라서 일단 말하듯이 글로 써서 독자에게 뜻이 잘 전달되게 써보는 것이 좋다. 일단 써놓고 독자의 입장에서 다시 읽어 보면 뜻이 잘 전달되는 좋은 글을 쓸 수 있다.

다섯째, 나만의 발표공간을 만들어라. 사내 홈페이지면 좋지만, 발표가 두렵거나 기회가 주어지지 않는다면 인터넷의 개인 블로그를 만들어 올리는 것도 좋은 방법이다. 가급적 온라인상에 발표하는 것이 좋다. 주기적으로 꾸준히 올리다 보면 고정독자가 생기면서 글쓰기의 보람을 느낄 수 있다. 발표할 때는 최대한 마감을 정하라. 마감의 압박감이 어쩔 수 없이 쓰게 만들기도 하지만, 그런 압박감이 집중력을 키워서 좋은 글을 쓰게 할 때가 많다. 주기적으로 10회 정도 기를 쓰고 올려보면 성취감과 자신감 같은 내공이 쌓이는 경험을 할 수 있다.

| 살면서 필통되기 | |
|---|---|
| 1 | 아이템을 정하라 |
| 2 | 많이 읽어라 |
| 3 | 좋은 글을 필사하라 |
| 4 | 말하듯이 써라 |
| 5 | 발표공간을 만들어라 |

어느 은퇴 전문가는 은퇴자들에게 필요한 것은 학사, 석사, 박사가 아니라 밥사, 술사, 감사라고 한다. 은퇴 후에는 '의미'와 '가치'를 찾아야 한다. 은퇴시공에서 글쓰기만큼 의미와 가치있는 일도 없다.

한 살이라도 더 젊었을 때 행복하기 위해서 하고 싶은 것을 해야 한다. 그 중에서 꼭 해봐야 할 것은 세 권의 책을 써보는 거다. 첫 번째는 '자서전'이다. 자서전에 잘못된 행동을 했다고 쓸 순 없다. 인생을 바르게 살게 해준다. 두 번째는 '수필'이다. 주변을 관찰하는 눈을 길러준다. 마지막은 자신이 일했던 분야의 '전공서적'이다. 자신이 100번 실패했던 경험에서 나온 지혜와 지식을 후대에 전한다면, 그들은 50번만 실패해도 되지 않겠는가. 살면서 잘 노는 방법으로 이만한 것도 없을 것이다.

- 김홍신의 '인생을 잘 놀다 가지 않으면 불법'에서

필자는 한국경제신문 『The Pen』이란 코너에 〈강충구의 은퇴시공〉이란 칼럼과 매일경제신문의 『매경 럭스맨』에 〈돈이 되는 풍수〉 칼럼을 쓰면서 글쓰기의 가치를 더욱 소중하게 느끼고 있다. 글을 쓰면서 일상을 바라보는 관찰력과 감수성이 달라진다. 먹이를 찾는 맹수처럼 늘 글감을 찾기 위해 두리번거린다. 글쓰기는 은퇴 후 놀이로도 꽤 괜찮은 것이라고 확신한다.

일본의 저술왕인 나카타니 아키히로는 20여 년간 900여권의 책을 출간했다. 1년에 60권 정도 출간한 셈인데 당신이라고 못할 일이 아니다. 인간의 능력은 무한하다. 지금까지 살아온 풍부한 경험만으로도 충분하다. 그 경험을 후세에게 들려준다는 생각으로 은퇴시공을 글쓰기로 장식해 보자.

　You(唯)Tory(Your+Story : 당신만의 유일한 이야기)를 세상에 표현해 보라. 세상에 당신의 진짜 모습을 보여주고 삶을 마감해보라. 호랑이는 죽어서 가죽을 남기고 사람은 죽어서 이름을 남긴다. 글쓰기는 이름을 남기는 가장 확실한 지름길이다.

# 최고의 재테크에 적극 투자하라!

"강 상무, 절대로 술을 끊으세요. 큰일 납니다!"

퇴직한 직장 선배로부터 갑자기 전화가 왔다. 급성 심근경색이 발병하여 수술비 4,000여만 원이 나왔다고 한다. 그나마 건강보험 덕분에 1,800만 원 정도 부담하고 퇴원했다고 한다. 의사가 스트레스 받지 말고 술과 담배 절대로 하지 말라고 누차 강조했다며 생각나서 전화했다고 한다.

선배는 반듯하게 살고 신앙심이 참으로 깊은 사람이다. 워낙 성실하고 부지런해서 정년 후에도 계약직으로 근무했다. 일흔이 넘은 나이에도 작은 건설회사 수주 영업을 한다.

한설희 건국대 의대교수는 "인지기능 저하자 중 집안일이나 걷기, 외출 등 일상생활을 제대로 하지 못할 경우 치매 고 위험군에 포함된다"며, "평소 지속적인 두뇌 활동이나 유산소 운동을 통해 신체적인 능력을 키우는 노력이 있어야 치매를 예방할 수 있다"고 말했다. 한편 노인 중에는 화장실 이용, 집안일, 외출 등 일상에서 다른 사람의 도움이 없으면 안 될 정도로 신체적 기능이 떨어지지만, 다른 사람의 수발을 전혀 받지 못하는 사람이 4명 중 1명꼴 (23.7%)이나 됐다. 노인들의 수발을 돕는 사람은 10명 가운데 7명 (72.1%)이 가족이었다. 가족 중에서도 배우자가 절반(53%)을 넘었고, 큰 며느리(12.3%), 딸(10.3%), 장남(8.2%) 순이었다.

- 조선일보에서 발췌

2018년 기준으로 남녀 통틀어 한국인의 평균수명은 85세, 건강수명은 76세라고 한다. 결국 평균 9년은 병치레를 하며 산다는 얘기다.

필자가 고등학생 시절 시골에 사셨던 할머님께서 말로만 듣던 '벽에 똥칠하며 3년을 사셨던' 기억이 생생하다. 어머님을 비롯하여 며느리 세 분이 참으로 많은 고생을 했다. 오죽하면 심장마비가 가족을 고생시키지 않는 '가장 완벽하고 행복한 죽음'이라는 말이 나왔겠는가?

조선일보가 9차례 연속 보도한 '한국인의 마지막 10년'에는 가난, 고독, 병마에 시달리는 한국 노인들의 현실이 그대로 드러나 있다. 수명은 쑥쑥 늘고 있으나 노인들의 삶의 질은 갈수록 낮아지고 있다. 한국의 노인들에게 수명이 는다는 것은 비참한 노년이 길어진다는 의미다.

한국 노인 중에 남성은 5.4년을, 여성은 5.9년을 앓다가 죽는다.

노인들은 이 기간 동안 아픔과 외로움과 가족들에게 부담이 되고 있다는 죄책감에 시달리면서 인간으로서의 자존감을 상실하고 죽음을 맞는다.

가족들 역시 치료비 부담에 짓눌려 부모와 자식 사이의 애틋한 정리(情理)를 아름답게 마무리할 생각도 할 수 없는 처지에 빠지고 만다. 80대 이상 노인 가운데 요양 병원에서 사망하는 비율이 2004년 1.4%였는데 2011년엔 21.6%로 늘었다.

100세 시대에는 '얼마나 오래 사느냐'만큼 '얼마나 건강하게 사느냐'가 중요하다. 한국보건사회연구원은 7,866가구의 패널 자료를 토대로 2009년 기준 한국인의 '건강 수명'을 산출했다. 건강 수명은 평균 수명에서 질병으로 몸이 아픈 기간을 제외하고, 몸이나 정신에 아무 탈이 없이 튼튼한 상태로 활동하면서 산 기간만 추출했다. 그 결과 한국인의 건강수명은 72.6세로 나타났다. 이는 2009년 출생아가 80.6세까지 살지만, 그 가운데 약 10%의 시간을 병상에서 보내게 된다는 의미다. 40세는 여생의 15%, 60세는 20%, 70세는 25% 가량을 평균적으로 병상에서 보낸다. 하지만 이는 통계이며, 전체 인구의 평균치일 뿐이다. 꾸준히 건강을 관리하고, 즐겁고 행복한 마음을 가진 사람이야말로 100세 시대의 주인공이 될 수 있다.

- 매일경제신문에서 발췌

신체검사는 피검사, X-Ray 검사, 체지방 검사 등으로 이뤄진다. 노년의 무서운 적인 성인병을 막기 위해서는 흡연, 과식, 과음 등의 생활 습관을 고쳐야 한다. '고혈압, 당뇨, 비만, 치매'를 4대 성인병이라고 하는데, 여기에 걸리지 않으려면 운동을 해야 한다.

건강이 소중하다는 것은 앎이 아니라 실천이어야 한다. 필자는 5년 동안 회사의 12층 계단을 출근 때마다 쉬지 않고 걸어서 올라갔다. 건강해야 병원비도 안 들고, 꾸준히 일할 수 있다는 믿음으로 실천에 옮긴 것이다. 인생에서 최고의 재테크는 바로 체(體)테크, 즉 운동이다. 아무리 재테크를 잘 해서 돈을 많이 모았어도 건강을 잃으면 무슨 소용인가? 건강을 유지하기 위한 운동은 오로지 실천할 때만 효과를 볼 수 있다.


우리들이 어떤 행동을 하기 위해선 동기와 목표가 필요하다. 아울러 그 동기와 목표가 자신에게 중요하고 명확한 것일 때, 사람은 생각지도 못한 힘을 발휘한다. 눈앞에 목표나 목적이 명시되었을 때, 우리들은 의욕이나 집중력을 발휘하게 된다. 반대로 목표를 명확하게 하지 않으면 헛되이 하루를 보내 버리고, 그렇게 또 한 달, 반년을 보내게 되고, 그것을 깨달았을 땐 이미 일 년이 흘러가 있는 경우가 비일비재하다.

- 오자키 마사미의 『영업왕』에서

은퇴시공에서 운동을 아무리 강조해도 듣지 않는다면 당신은 운동 불감증에 걸린 것이다. 운동 불감증은 반드시 4대 성인병으로 가는 지름길이다.

　운동이냐? 4대 성인병이냐?

　선택은 당신의 몫이다.

　이제 술 먹듯이, TV 보듯이, 게임하듯이 운동에 푹 빠져보자. 목표가 분명한 사람은, 집중의 힘을 발휘한다. 그래서 외롭거나, 심심하거나, 흔들리지 않는다.

　이젠 행동으로 보여줄 때다.

　당신 인생의 체(體)테크! 어제는 폐기된 수표, 내일은 약속어음, 오늘만이 유일한 현금이다.

　지금 당장 체테크에 아낌없이 투자하라.

# 출구전략! 당신의 보물지도를 찾아가라

건설현장에서 상사로 모셨던 분의 자녀결혼식에 다녀 온 적이 있다. 현직에 있는 임직원도 있었지만 오래 전에 퇴직해 근황이 궁금했던 반가운 얼굴들도 많이 있었다. 대부분 건설현장에서 같이 동고동락했던 동료나 선후배들이다.

건설 전공을 살려 감리 현장이나 계열사, 전문업체에 재취업한 동료와 선후배가 있었고, 멀리 아프리카 오지에 나가서 제2의 인생을 개척하고 있는 선배도 있었다. 커피재료 납품업체를 운영하는 동료, 보험설계사로 새 출발한 후배도 있었다. 하늘이 무너진 것 같다고 하던 동료 선후배들이 나름 새로운 인생을 개척하고 있는 것 같아서 다행이라는 생각이 들었다. 하지만 계속되는 백수생활로 얼굴색이 그리 좋지 않고 말이 없는 선후배도 있어서 마음이 무척 무거웠다.

은퇴는 누구에게나 온다는 것을 확인한 자리였다. 그리고 은퇴를 어떻게 준비했느냐에 따라 결정된 이후의 삶을 그대로 보여주는 자리였다.

심리학자 라이카르드는 은퇴자의 유형을 다섯 가지로 나눠서 설명하고 있다.

첫째, 〈성숙형〉으로 은퇴 후 늙어가는 자신의 삶을 그대로 받아드린다.

둘째, 〈은둔형〉으로 지금까지 가지고 있던 무거운 책임에서 벗어나 조용한 생활을 하게 된 것을 감사하게 생각한다.

셋째, 〈무장형〉으로 늙어감과 소외에 대한 불안을 심하게 보인다.

넷째, 〈분노형〉으로 은퇴 후 자신의 처지를 인정하지 않으려 하고 자신의 인생 목표를 모두 달성하지 못하고 은퇴를 했다고 비통해 한다.

다섯째, 〈자학형〉으로 은퇴 후 자신의 삶을 실패로 보고 비통해 하지만 원인을 자기 자신에게 돌리고 끊임없이 자학하는 유형이다.

여기서 〈성숙형〉과 〈은둔형〉은 현실에 순응하는 유형이지만, 나머지는 현실을 부정하면서 더 안 좋은 상황을 불러일으키기에 문제가 있다.

다음은 〈은퇴 후유증〉을 이겨내는 방법이다. 당신은 얼마나 이를 실천하고 있는지 점검해 보자.

1. 언제든지 을(乙)이 될 자세를 갖추기
2. 포기할 것은 포기하고 허세와 체면 버리기
3. 사람과의 관계, 건강, 취미, 자산 잘 챙기기는 필수
4. 소득, 자식, 창업, 사기 등 위험 요소 제거하기
5. 새로운 꿈을 꾸고 호기심 충만한 생활 습성 갖기
6. 나이를 초월해 자신만의 방식대로 근사하게 살아가는 〈어모털(Amortal)족〉 되기

퇴직자들에게는 터진 수돗물처럼 넘치는 잉여 시간이 많다. 이 시간에 지금까지 〈가보지 않은 길〉을 밟아 보는 것으로 은퇴시공을 해나가면 어떨까?

700만 베이비부머의 퇴직이 본격화 되었다. 은퇴 후 최소 30년, 시간으로 따지면 잠자는 시간과 밥먹는 시간을 뺀 16만 시간이 펼쳐진다.

우리의 삶은 시간과 함께 하는 긴 경주나 다름없다. 당신의 시계를 잠시 멈추고 현재 내가 무엇을, 왜 하는지 파악을 해 보자. 그리고 새로운 삶을 맞이하여 타이어를 갈아 끼우고 〈가지 않은 길〉을 찾아보자.

당신의 삶은 지금보다 훨씬 풍족해질 것이다.

꿈꾸기에 늦은 나이는 없다.

# 8만 시간을 요리하라

　인생을 전반과 후반으로 나눠 각기 다른 삶을 살자는 인생 이모
작에 대한 논의가 활발하다. 전반전과 후반전을 나누는 기준은 은
퇴다. 생물학자 최재천 교수는 『당신의 인생을 이모작하라』에서
대부분의 여성이 폐경을 맞는 50대를 기점으로 전후반을 나누는
생물학적 관점을 내세우기도 했지만, 어쨌든 그 시기도 따져보면
은퇴 전후인지라 은퇴를 인생의 중요한 지점으로 여겨야 하는 것
은 피할 수 없다.

　인생의 후반전은 직업이나 생활 등 모든 면에서 전반전과 다르
다. 전반전이 부진했어도 후반전에 만회하면 인생 전체를 승리로
이끌 수 있다. 또한 전반전에 아무리 잘 나갔어도 힘을 너무 소진
했으면 어느 한 순간에 역전을 당할 수 있으니 후반전은 신중을 기
해야 한다.

　『2막』의 저자 스테만 폴란과 마크 레빈은 한 번의 실패로 끝나는
인생은 없다고 했다. 인생이 한 번뿐이지 기회가 한 번뿐인 것은

아니기 때문이다. 당신에게도 한 번뿐인 인생이지만 기회는 수없이 남아 있다. 후반전에 더욱 심혈을 기울여 기회를 잡으면 얼마든지 전세를 역전시킬 수 있다.

『하프타임』의 저자 밥 버포드는 인생에서 전반전이 '어떻게 생존할 것인가?'로 고민하는 시기라면 후반전은 '어떻게 살아야 하는가?'를 고민하는 시기로 봤다. 후반전은 전반전보다 삶의 여유를 가져야 한다. 당장 눈앞에 성과를 볼 것이 아니라 인생의 마지막 모습을 어떻게 장식할 것인지 긴 안목을 갖고 접근해야 한다.

어릴 때 시골집에서 20리(8km)가 넘는 중학교 통학 길은 비포장으로 왕복 4시간이 걸리는 먼 길이었다. 필자는 살면서 힘들고 어려움이 닥쳤을 때마다 '그 시절에 그 먼 길을 걸어도 다녔는데 이것쯤이야!'라고 생각하며 힘을 얻곤 했다. 어려서 고향을 떠나 숱한 객지생활을 하다 보니 어느덧 40년 세월이 흘러갔다.
산란기가 되면 자신이 태어난 강으로 거슬러 올라가는 연어처럼 우리 인간에게도 회귀본능이 있다. 우리 인간은 어차피 흙으로 돌아가듯이 나도 언젠가는 내가 태어난 고향에서 인생 이모작을 했으면 하는데 모든 것이 뜻대로 될지는 모르겠다.

이모작을 하려면 일모작이 끝난 다음에 빨리 준비해서 씨를 뿌

려야 한다. 하지만 한국은 미국, 일본처럼 안락한 이모작을 하기에
는 많은 제약이 따른다.

　인생 이모작은 어느 정도 경제적 안정을 이뤘을 때 시작할 수 있
다. 하지만 우리의 현실은 경제적 안정과 거리가 먼 것이 현실이
다. 그만큼 이모작에 대한 두려움이 따르는 것은 어쩔 수 없다. 열
악한 환경이기 때문에 이모작을 위한 계획은 더 철저하게 세워야
한다.

　과거 산업시대에 우리는 졸업장 하나로, 자격증 하나로 평생 벌
어먹고 살아왔다. 하지만 지금은 지식사회다. 지식사회에서 평생
공부는 이제 필수다. 평생공부를 하지 않고는 생존하기가 힘든 시
대다.

　　"7년마다 지식의 양은 두 배로 증가하고 있으며 그 속도는 점
　　점 빨라져 2030년이면 72일마다 지식의 양이 두 배로 증가될 것이
　　다."

　자트 아탈리의 예측은 우리에게 평생공부의 중요성을 더욱 강조
하고 있다. 아담샤프는 『우리는 어디로 가는가』에서 인류 역사에
서 새로운 인간 유형인 '공부하는 인간(Homo Studiosus)'이 출현하
는 시기가 되었음을 예고했다. 이제 지식 근로자의 사회다. 평생

부단히 공부하는 것을 본질적 특성으로 하며 특히 직장에서 살아남기 위해서는 공부를 필수로 해야 한다.

은퇴 후에 30년은 누군가에게 100년처럼, 누군가에게는 3년처럼 느껴질 수 있다. 30년을 100년처럼 가치 있게 보내려면 심리적 시간을 늦춰야 한다. 즉 정보량을 늘려야 한다. 정보량을 늘리는 가장 쉽고 빠른 방법은 공부다.

평생공부는 수명을 연장한다. 교육을 받은 사람이 그렇지 못한 사람에 비해 더 건강한 미래를 위해 자신을 통제하고 현재의 쾌락을 통제할 수 있는 능력을 갖는 것으로 나타났다.

미국 프리스턴대학교 레러스 무니 교수팀이 주별 인구센서스 자료를 뒤진 결과 평균적으로 학교를 1년 더 다니게 되면 35세의 평균기대 수명이 1.5년 늘어난다고 밝혔다. 국민의 학습량이 늘면 소득도 늘어나는 것으로 나타났다. 최근 연구에 의하면 평생 학습참가율이 1% 늘어나면 1인당 국민소득이 330달러 정도 증가한다고 한다.


평생공부로 가장 좋고 경제적인 것이 독서다. 과거 제도권 학교를 다니지 못 했을 때 대부분 사람들은 책을 통해 글을 깨우치고 지식을 얻었다. 독서만큼 확실한 평생공부법은 어디에도 없다.

평생공부는 혼자 하는 것보다 여럿이 하는 것이 좋다. 이왕이면 학교에 적(籍)을 두고 하는 것이 효과적이다.

요즘 미국에서는 20대에 학위를 따지 않는 성인들이 40대가 되어 비로소 대학 교육의 필요성을 느끼고 학위에 도전하고 있다. 우리나라에서도 현역에서 은퇴하여 60~70세에 방송통신대학교나 사이버대학에 입학해서 공부를 하는 이들이 늘어나고 있다. 평생공부의 사회적인 기틀이 다져지고 있다.

공부도 습관이다. 필자는 직장생활 20년 하다가 새롭게 시작한 공부를 최근 10년째 이어오고 있다. 이제는 습관이 되어 안 하면 왠지 불안하고 뭔가 나사가 빠진 느낌이다. 기존 직장, 전공과 다른 공부를 하면 더 새롭고 호기심과 흥미가 있어 더 오래 지속할 수 있다.

또한 독학보다 관계가 맺어지는 각종 사이버대학, 대학원, 최고위 과정 등을 통하면 덜 지루하고, 대인관계도 넓힐 수 있어 매우 효과적이다. 필자가 최근에 박사과정에 입학해서 공부하고 있는 이유가 여기에 있다.

바야흐로 짧은 현역 긴 노후 시대가 오고 있다. 긴 노후를 위해 재취업, 자원봉사 등에 관심을 갖는 것도 좋지만, 자신이 좋아하는 분야에 공부로 도전하는 것도 좋은 방법이다. 나이를 먹었다고 학습능력이 떨어지는 것이 아니다. 미국 발달심리학자 워너 샤이는 건강한 노인들은 대부분 60세까지 정신능력이 거의 손상되지 않는다고 하며 평생공부의 중요성을 강조하고 있다.


　울타리 밑에는 봉숭아, 나팔꽃, 맨드라미, 분꽃을 심고, 집 옆 작은 텃밭에는 가지 오이 고추 열무 상추를 심어서 아침이면 싱그러운 야채로 음식을 만들고 싶어. 봄엔 파릇파릇한 쑥국을 끓여 먹고, 여름엔 머리에 잘 어울리는 풀 먹인 하얀 모시옷을 입고, 가을이면 빨간 꽃잎 초록 댓잎 넣어 창호지를 바르고 싶어. 겨울이 오면 잠 없는 밤 눈 오는 긴긴 밤을 당신과 얼굴 마주하며 다정한 옛 이야기에 온 밤을 지새고 싶어. 나 늙으면 긴 머리 빗질해서 은비녀를 꽂고 내 발에 꼭 맞는 하얀 고무신을 신으며 가끔은 의자에 앉아 책을 보다가 서산에 지는 해를 바라보고 싶어. 한쪽 지붕에는 노란 호박꽃을 피우고 또 한 쪽 지붕에는 하얀 박꽃을 피우며 낮에는 찻잔에 푸른 산을 들여놓으며 밤이면 달, 별, 이슬 한 줌 담아 마시면서 여생을 당신과 행복하게 살아보고 싶어.

　　　　　　　- 황정순의 『나 늙으면 당신과 살아보고 싶어』에서


　우리에겐 정년 전에 상상도 못했던 현실, 즉 퇴직 후 30년, 먹고 자고 일하는 시간을 빼도 여가시간만으로 8만여 시간이 펼쳐져 있다.

　필자는 이것을 〈Another Life〉라고 부른다. 어린 시절 이루지 못했던 꿈을 이룰 수 있는 절호의 기회다. 이제 자신이 원하는 것과 좋아하는 것을 되짚어보고 건강한 정체성을 형성해 보자.

진정한 의미의 은퇴 시공은 나의 정체성을 찾기 위해 나부터 챙기는 일이다.

그런 점에서 우리는 송진구 교수가 〈지화자조타〉를 입에 달고 다니는 것을 따라 배울 필요가 있다. 은퇴시공을 준비하는 당신도 한번 따라해 보자.

**지** : 지금 행동하라(결단)!

**화** : 화장실 갈 때와 나올 때를 같이 하라(초심)!

**자** : 자기 만의 색깔을 가져라(인상, 자신감)!

**조** : 조준하고 공략하라(목표)!

**타** : 타인을 의식하지 마라(다름을 인정하라)!

롱런(Long Run)하려면 롱런(Long Learn)해야 한다. 정년과 퇴직은 두려움이 아닌 설렘의 시작이다. 지난 시절 앞만 보고 달리느라 가보지 않은 길, 차마 갈 수 없었던 길을 가 볼 수 있는 기회이다.

은퇴 후 새롭게 주어진 여가 시간 8만 시간을 평생공부로 당신의 입맛에 맞게 요리하라!

지화자조타!

# 명상, 소식, 웰다잉으로 리셋하라

은퇴하면 무얼 할 생각이세요? 이국적인 해변에 커다란 파라솔을 치고 느긋하게 선탠을 즐기시렵니까? 손자들을 데리고 동물원을 다니시렵니까? 뒷마당에 텃밭을 일구며 신선한 채소를 기르시렵니까? 아니면 취미로 즐기던 목공예로 짭짤한 수익을 내는 공방을 차리시려나요?

뭘 선택하든 자유지만, 거기에 하나 더 권하고 싶은 게 있습니다. 현관에 앉아 레모네이드를 홀짝거리며 지나는 사람들에게 웃으며 손을 흔들어 주는 거 말이에요.

- 닐 파스리차의 『행복 한 스푼』에서

베이비부머들이 이제 서서히 일터에서 손을 떼고 은퇴의 길을 걷고 있다. 은퇴는 이들이 긴 세월 동안 고달프게 살아온 삶에 대한 위로다. 아울러 앞으로 편안한 생활을 누렸으면 하고 기원해 줄 만한 선물이기도 하다.

그러나 진실로 그들이 간절히 바라는 것은 위로와 선물이 아니라 열심히 일할 수 있는 기회다. 앞으로 자신의 일상(日常)을 쏟아 붓고 심신을 헌신하는 새로운 일거리를 찾는 노력이 가장 시급한 은퇴의 준비가 될 것이다.

일본의 한 초등학교 전직 교장이 자신이 재직했던 학교에 수위로 재취업했다고 한다. 수백억 원이 넘는 공사현장에서 근무했던 한 관리자가 정년퇴직 후 면허증을 취득하여 지게차를 운전한다고 한다. 박운서 전 통상산업부 차관은 은퇴 후 농사를 짓겠다며 필리핀으로 떠났다. 그는 마닐라 남쪽 민도로란 섬에서 원주민과 부대끼며 농사와 선교활동에 몰두했다. 황의돈 전 육군참모총장은 은퇴 후에 빈곤국을 돕는 해외구호단체 〈월드 투게더〉 회장으로 변신해 제2의 인생을 살아가고 있다. 직책이 직책이었던 만큼 은퇴 후에 오라는 곳도 많았을 텐데 하고 싶은 일을 하며 살겠다고 스스로 선택한 삶이 아름답게만 느껴진다.

은퇴시공에서 제일 경계해야 할 것이 욕심이다. 실패는 성공의 어머니라는 말이 있기는 하지만 60세 넘어서 맛보는 실패는 노년 빈곤층으로 가는 지름길이다. 명예는 존경을 바탕으로 해야지 과거의 직책이나 돈으로 얻을 수 있는 것이 결코 아니다. 사회가 일자리를 주지 않는다면 그런 기대나 바람을 비워야 한다. 즉 현실에 따라 분수에 맞게 살아야 한다. 인생은 과거로 보상 받을 수 있는 것도, 미래의 약속된 보증수표도 아니기 때문이다.

하루 종일 몸을 움직여야 1미터를 갈 수 있는 애벌레가 죽기 전에 10킬로미터를 이동하려면 어떻게 해야 할까? 더 열심히 몸을 꿈틀거려야 할까? 아니다. 리셋해야 한다. 나비로 변해 훨훨 날아가야 한다. 불필요한 껍질을 모두 벗어버리고 진정한 변신을 위해 집중해야 한다.

이혼녀로, 홀로 아이를 키우는 엄마로, 가난하고 비참한 삶을 살아야 했던 조앤 롤링은 자신의 처지에 매몰되지 않고, 아이에게 재미있는 이야기를 들려주는 식으로 『해리포터』라는 소설을 썼다. 그리고 어느 날 갑자기 마법사의 빗자루를 타고, 지금까지 살던 세상과 전혀 다른 억만장자의 삶이 펼쳐진 세상으로 날아올랐다.

노후 최고의 건강 비결은 일하는 것이다. 70세가 넘어서 직업을 가진 사람이 집에서 놀거나 자원봉사 정도를 하는 사람보다 생존율이 2배 이상이 된다는 연구보고가 있다.

현실적으로 노후에 일을 하려면 과거를 리셋하지 않고는 불가능한 경우가 많다. 노후의 일은 거창한 직책과 큰 수입을 기대하기 어려울 뿐만 아니라 그런 자리도 없기 때문이다. 노후에 맞게 일자리를 찾으려면 단순 소박하게 눈높이를 낮춰야 작은 것도 새롭게 볼 수 있다.

눈높이를 낮추는 일은 누가 해 줄 수 있는 일이 아니다. 오로지 자신만이 할 수 있다. 바로 당신의 눈높이를 리셋해야 한다. 지금까지 누렸던 모든 것을 내려놓아야 한다.

명심하라. 행복한 은퇴시공은 눈높이를 낮추는 일부터 시작이다.

마이너스를 마이너스하면 플러스가 된다. 이것은 곧 소비(마이너스)를 줄이면(마이너스) 돈을 버는 것(플러스)이 되는 것과 같은 공식이다. 사람은 상황에 맞게 자신의 생각이나 형태를 조금씩 수정하면서 살아가야 한다. 특히 은퇴자는 더욱 그렇다. 마이너스를 마이너스하려면 첫째는 명상, 둘째는 소식(小食), 셋째는 웰다잉을 해야 한다.

첫째, 명상을 하면 좋은 점이 많다. 세계적인 기업 구글(Google)은 "명상을 하면 성공한다"는 믿음으로 명상경영을 하고 있는 것으로 유명하다.

질병의 총체적인 원인은 바로 '나'이며 '나'의 변화가 일어나야 내가 가지고 있는 질환이 변화되고 치유된다. 나의 총체적인 에너지 패턴을 변화 시킬 수 있는 가장 적극적인 도구가 바로 명상이다. 명상으로 얻을 수 있는 가장 기본적인 효과는 이완(弛緩)이며, 이는 자연 그대로의 우리 몸 상태이며 질서(건강과 치유)로 나아가는 강력한 자연치유력을 극대화 하는 상태이다. 경직된 몸을 하루에 서너 번 잠깐이라도 풀어주는 습관을 늘 생활화 하자. 이완은 우리 몸이 놀라울 정도로 빠르게 건강을 찾아가고 깊은 명상 속에서 새로운 자아를 발견하게 된다.

- 김종철의 『15분의 기적! 자연치유력』에서

명상은 마음을 비우고 욕심을 내려놓는 탈속(脫俗)의 수련이기도 하다. 짧은 명상으로 질병의 자연치유력도 갖출 수 있다니, 면역력이 떨어진 은퇴자들에게 이보다 더 좋은 것이 또 어디 있겠는가?

둘째, 소식은 노후의 건강을 보장해 준다. 과거에 베이비부머들은 영양부족과 굶주림에 허덕이던 보릿고개 시절을 겪었다. 하지만 지금은 영양과잉으로 인한 비만, 심장병, 고혈압 등 각종 질병에 시달리고 있다. 우리 몸의 장수 유전자인 시르투인(Sirtuin)은 과잉 영양 상태에서 전혀 가동되지 않으며 공복(空腹)에만 작동된다고 한다.

『1日 1食』의 저자 나구모 요시노리 박사는 "뱃속에서 꼬르륵 소리가 한번 들리면 내장지방이 연소하고, 두 번 들리면 외모가 젊어지고 세 번이면 혈관이 젊어진다"고 한다. 칼 안 쓰는 수술이라는 단식은 정신을 맑게 하고 몸 전체 골고루 피가 순환되게 하며 독소를 제거하고 몸을 대청소한다는 것이다.

먹어서 병을 만드는 것보다 소식으로 건강을 지키는 것은 은퇴 시공의 필수요소다.

셋째, 웰 다잉은 생의 마지막을 멋지게 장식해 준다. 희망 없는 목숨을 산소호흡기에 의지해 연명한다는 것은 당사자나 자식들에게 최고의 고문이다. 부모는 떠나면 그만이지만 자식은 뒤에 남아서 살아야 할 날이 길다. 부모의 마지막을 조금이라도 더 연장하려는 것은 모든 자식들의 바람이다. 부모의 동의 없이 산소호흡기를 떼는 것은 웬만한 자식이라면 쉽게 할 수 없는 일이다. 산소호흡기로 인해 엄청나게 들어가는 비용은 고스란히 자식들의 삶을 비참하게 만든다.

이럴 때 부모들이 먼저 자식들의 죄책감을 줄여주고, 본인도 편안하게 생을 마무리하기 위해 연명치료를 거절한다는 〈사전의료의향서〉를 작성하는 사람들이 늘고 있다는 것은 바람직한 일이다. 죽음을 앞뒀을 때 부모가 먼저 의료진과 가족에게 무의미한 치료 중단을 해 달라고 분명히 의사를 밝히는 것이다.

이제 중요한 것은 〈무엇〉을 소유하느냐가 아니라 〈어떻게〉 소유하느냐가 됐다. 사람들이 '더 빨리, 더 많이, 더 크게'에서 벗어나 소유보다 존재를 중요시하게 됐으며 출세가 아니라 자족적인 지금 여기에 있음을 삶의 모범으로 여기고 있다.

- 클라우스 베를레의 『완벽주의자의 함정』에서

나이가 들면 인생에도 다이어트가 필요한 법이다. 진정한 은퇴시공은 아마 새로운 것을 쌓는 게 아니라 자신이 갖고 있는 것을 내려놓는 데 있는지도 모른다. 내려놓으면  모든 게 편하다.

'명상, 소식, 웰다잉'으로 삶을 리셋하라. 그래야 은퇴시공으로 기어를 변속할 수 있다.

# 내려놓아야 산다

그는 등산 대신 '입산'이라는 말을 썼다. 산은 오르는 게 아니라 어머니 품에 안기듯 '들어가는 것'이란 의미다. 주말이면 경주하듯 일렬로 올라갔다가 급히 내려와 먹고 마시는 건 진정한 산행이 아니라고도 했다. 산행의 순간순간을 모두 느껴야 한다며 '하산'의 중요성을 강조했다.

"우리는 내려오는 걸 나쁜 의미로만 생각해요. 급하게 하산하면서 올라갈 때보다 많이 다치죠. 사회적으로도 마찬가지입니다. 1인당 국민소득이 2만 달러를 넘는데도 많은 사람들이 스스로 하층민이라고 생각하는 건 올라가야 한다는 '등산 심리'에 젖어 있기 때문이에요."

그는 현대인에게 휴식이 절실하다고 지적했다. 몸살이 자주 오는 건 몸의 1차 경고요. 장염, 구내염, 피부염 등 각종 염증이 찾아오는 건 2차 경고다. 몸이 보내는 이 신호를 무시하면 면역체계가 무너지고 결국 암으로 이어진다고 그는 설명했다.

- 한국경제신문에서 발췌

정년퇴임 직후 66세에 과로로 인한 심장마비로 안타깝게 타계한 홍익대 미대 이두식 교수의 이야기다. 그는 40년간 한국추상화의 맥을 이어온 미술계의 독보적 존재였다. 화려한 색채, 역동적인 선율 그리고 과감한 여백은 모든 이들의 공감이며 살아갈 이들에게 보내는 미(美)의 호소이기도 했다. 정년퇴임을 앞두고 홍익대 현대미술관에서 퇴임 기념 전시 〈표현, 색, 추상전〉을 개최했다.

작은 시골에서 태어난 필자에게 훌륭하고 저명한 출향(出鄕)인사는 늘 자랑거리였다. 고향 선배이면서 향우회 회장도 역임했던 한국 미술계의 거목 이두식 교수는 그 중에 한 사람이다. 미술인들 회식 자리에서 그림을 그리는 필자의 아내를 건설사에 다니는 고향 후배의 안사람이라고 소개를 많이 해주었다고 한다. 타계하기 전날 전시회와 저녁 만찬까지 함께 했던 아내는 비보에 많이 슬퍼하고 안타까워했다.

원래 다작(多作)화가였던 그는 정년퇴직 후 마음 편하게 미술에 몰두하면서 제2의 인생을 시작하겠다고 했다. 그러나 죽음은 모든 것을 물거품으로 만들었다. 아무리 거창하고 잘 계획한 은퇴시공도 죽음 앞에는 무용지물임을 절실히 깨달았다. 고인의 명복을 빌며 못다 이룬 제2의 그림인생을 하늘나라에서나마 펼치시길 기원해 본다.

통계청 자료에 의하면 우리나라 사람 사망원인 1~3위는 암, 뇌혈

관 질환, 심장질환 등이 차지한다. 4위 자살, 7위 교통사고를 제외
하면 질병이 사망의 주원인임을 알 수 있다.

한의사들은 이름만 틀리지 병의 뿌리는 대동소이하며 대부분 지
나친 스트레스, 운동부족, 과도한 음주. 흡연, 그리고 잘못된 섭생
(攝生)때문이라고 한다.

> "우리 한국사회는 오르기만 하려는 등산 심리로 정신적 압박감
> 을 심하게 받고 행복을 느끼지 못하며 만병을 얻는다."

화병(火病)을 세계 최초로 정신 의학 용어로 의학사전에 등재시
킨 이시형 박사의 말이다. 건강을 최우선으로 여겨야 할 은퇴시공
에서 화병은 깊이 생각해볼 문제다. 모든 질병의 근원인 스트레스
와 화병은 같은 병으로 볼 수 있기 때문이다.

유종민의 『직장인의 마음 건강 길라잡이 스트레스 힐링』에서는
스트레스를 풀고 건강한 삶을 살기 위해 지켜야 할 것으로 다음과
같이 6가지를 제시하고 있다.

하나, 일에만 매달리지 마라.
둘, 주변 사람에게 속마음을 토로해라.
셋, 숲과 햇빛 등 자연을 가까이 해라.

넷, 중년에게 운동은 필수다. 생활화해라

다섯, 음주, 흡연은 정신건강 최악의 적이니 멀리하라.

여섯, 전문가와 상담을 두려워 말라.


스트레스에서 벗어나는 방법은 거창한 일이 아니다. 바로 사소한 것을 버리는 것에서 시작된다. 20세기 지성으로 유명한 버트런드 러셀은 『행복의 정복』에서 이렇게 주장하고 있다.


"안 되는 것은 안 되는 것이다. 체념할 줄도 알아야 행복해 진다."


스트레스가 왜 생기겠는가? 안 되는 것을 욕심내고 있기 때문이다. 지금 당장 등산 심리에서 벗어나 훌훌 욕심을 털어내는 하산 심리를 챙겨보자.

돈과 명예에 대한 집착, 어울리지 않는 삶의 집착, 과거의 나에 대한 집착, 그리고 자녀에 대한 집착을 버려라! 올지 안 올지도 모를 미래에 대한 헛된 욕심을 버려라!


"많이 가지지 않음으로 인한 불편함은 견딜 만한 가치가 있다."

- 이태석 신부


이제 은퇴시공의 길과 방향이 보이지 않는가? 욕심은 스트레스와 화병의 근원이다. 모든 것을 내려놓고 편안한 노후를 챙겨보자.

내려놓아야 산다.

# 은퇴시공,
# 넓은 시각으로 방향부터 잡아라

　한 남자가 사막을 건너다가 방향을 못 잡고 길을 잃었다. 광야 같은 사막에서 아무리 궁리를 해도 방향을 잡을 수가 없었다. 방향을 잡지 못하고 방황을 하다 보니 덜컥 겁이 났다. 사막은 낮에는 40도가 넘는 고온이고 밤엔 기온이 영하로 떨어졌다. 언제 죽음이 찾아올지 두려움이 밀려왔다. 그러다 보니 맘은 앞섰지만 몸은 한 치도 앞으로 갈 수가 없었다. 그렇게 방황하던 중에 사람의 발자국을 발견했다.

　'아, 이 발자국을 따라가면 마을이 나오겠구나!'

　그는 마침내 방향을 정하고 발자국을 따라갔다. 하지만 한참 가도 마을은 나오지 않았다. 당황해서 어쩔 줄 몰라하면서 계속 갔다. 발자국이 2개가 있는 것을 보고 이제 그 발자국을 따라갔다. 그러나 마을은 나오지 않았다. 이번에는 발자국이 3개가 있는 것을 그 발자국을 따라갔다. 하지만 마을은 끝내 나오지 않았다. 그렇게 헤매다가 발자국이 6개가 있는 것을 발견하고 그 길을 따라갔으나 마을은 끝내 나오지 않았다.

해가 질 무렵이 되자 그는 포기했다. 도대체 그 많은 발자국은 누구의 것이었단 말인가?

그 무수한 발자국은 본인이 방향을 잡지 못해 빙빙 돈 자리에 찍힌 발자국이었던 것이다. 그러니까 자기가 찍어 놓은 발자국만 따라 걷고 있었으니 어느 곳에도 마을이 있을 리가 없었던 것이다.

누구나 살면서 변화를 도모하고 열심히 살면서 성공을 꿈꾸는데 달라지는 게 없는 게 허다하다. 왜 그럴까? 먼저 분명한 방향을 설정하지 못했기 때문이다.

"과녁 없는 명중은 없다."

은퇴시공에서 의미있게 새겨야 할 이야기다. 사람은 누구나 자신의 방식대로 살아간다. 무슨 일을 할 때 먼저 자신을 객관적으로 살펴보지 못하면 결국 자신이 걸어온 길만 걷게 된다. 사막에서 길을 잃었을 때 먼저 방향부터 잡아야 했는데, 무작정 자기 방식대로 걷는 일부터 했다가 제자리 맴맴으로 자신이 찍어 놓은 발자국만 도돌이표로 따라간 남자처럼 지금 이 순간에도 수많은 은퇴자들이 자신의 방식대로 열심히 노력은 하고 있지만 결국 비슷한 실수를 저지르고 있는 것이 현실이다.

당신이라고 예외일 수 없다. 이런 잘못에서 벗어나려면 먼저 과녁을 분명히 정하고, 당신의 방식만을 고집하는 것에서 벗어나야 한다.

필자는 방향을 잡지 못하고 열심히 노력만 하는 인생을 〈표류적 인생〉이라고 부른다. 인생 후반전을 대비하지 못하고, 자신이 살아온 방식대로만 그저 열심히 살아가는 이들에게 보내는 일종의 경종이다.

베이비부머 앞에 펼쳐진 백세시대는 이전에 그 어떤 세대도 가보지 못한 미지의 세계다. 지금까지 살아온 나만의 방식으로는 헤쳐갈 수 없는 사막과 같은 길이다. 당신은 어떻게 할 것인가? 무작정 자신이 살아온 방식대로 길을 찾아 걷고 볼 것인가? 자신의 발자국만 따라 열심히 걷기만 할 것인가? 그러다간 〈표류적 인생〉에서 벗어날 길이 없다.

이제라도 먼저 그 자리에 멈춰 서서 지금까지 읽었던 이 책을 새겨보며 가장 먼저 표적부터 정해야 한다. 은퇴 후의 명확한 방향을 설정해야 한다. 다음으로 지금까지 살아온 나만의 방식과 사고에서 벗어나 새로운 관점으로 시선을 넓혀 드넓은 세상을 바라봐야 한다. 지금 내가 걷고 있는 길이 내가 찍어 놓은 발자국을 뒤따르고 있는 것은 아닌지 수시로 점검해야 한다.

이 책이 은퇴시공을 준비하는 당신의 소중한 이정표가 될 것이라 믿는다. 이 책을 이정표로 삼으면 당신이 가보지 않은 인생 후반전의 방향이 보일 것이고, 좀더 넓은 시각으로 은퇴 후의 세상을 시공하는데 든든한 자산이 될 것이라 믿는다.

이 책을 통해 필자는 20~30세대에게도 은퇴는 결코 먼 나라의 이야기가 아니니 미리 준비해야 한다는 메시지를 담고자 노력했다. 그래서 '은퇴설계'가 아니라 '은퇴시공'이라고 명명했음을 밝힌다. 조금이라도 젊었을 때 기초를 다지는 것이 훨씬 높고 든든한 건물을 짓는데 최고의 선택이기 때문이다.

이 책은 은퇴시공의 노하우(Know-How)가 아니라 실전의 액션 플랜인 두하우(Do-How)를 담으려고 노력했다. 모쪼록 누구도 피해갈 수 없는 인생의 후반전, 은퇴를 준비하는 모든 이들이 이 책을 통해 은퇴시공의 두하우(Do-How)를 체득해서 아름다운 인생 후반전을 장식했으면 하는 바람을 담아 본다.

이 책이 나올 수 있도록 그동안 물심양면으로 응원해준 모든 분들에게 감사드린다.